本书得到以下项目资助：
1.2021 年度江苏高校哲学社会科学研究一般项目：RCEP 对亚太区域价值链重构的影响研究（项目批准号：2021SJA0479）。
2.南京晓庄学院“申硕”高质量科研成果(专著)资助项目：“一带一路”背景下中国对外直接投资的创新效应研究。

“一带一路”
背景下中国对外直接投资的创新效应研究

刘雅珍 ◎著

Wuhan University Press
武汉大学出版社

图书在版编目（CIP）数据

"一带一路"背景下中国对外直接投资的创新效应研究 / 刘雅珍著. —武汉：武汉大学出版社，2023.2

ISBN 978-7-307-23338-6

Ⅰ. 一… Ⅱ. 刘… Ⅲ. 对外投资－直接投资－研究－中国 Ⅳ. F832.6

中国版本图书馆CIP数据核字（2022）第185337号

责任编辑：周媛媛　王兴华　　责任校对：牟　丹　　版式设计：文豪设计

出版发行：**武汉大学出版社**　（430072　武昌　珞珈山）

（电子邮箱：cbs22@whu.edu.cn 网址：www.wdp.com.cn）

印刷：三河市京兰印务有限公司

开本：710×1000　1/16　　印张：12.5　　字数：211千字

版次：2023年2月第1版　　2023年2月第1次印刷

ISBN 978-7-307-23338-6　　定价：48.00元

前言

在国家大力推动创新驱动战略的背景下，随着“一带一路”倡议的逐步实施，越来越多的中国企业参与到“一带一路”投资合作项目中，开始国际化的成长进程。这些企业积极融入全球的创新网络中，整合和吸收全球优势的资源和先进的要素“为我所用”，在这个过程中逐步提高创新能力和创新水平。对外直接投资作为“一带一路”倡议实施的关键环节和重要领域，不仅可以通过获取国际技术溢出进行渐进式创新，而且可以通过国内市场效应，在形成规模经济的基础上进行突破式创新。“一带一路”背景下的对外直接投资也因此成为提高中国创新能力和创新水平的重要途径之一。

在“一带一路”建设过程中，各类投资项目建设的质量优劣很大程度上决定了“一带一路”建设质量的高低。随着制度体系、操作层面的完善，“一带一路”倡议实施初期所涉及的投资项目中存在的一些问题和缺陷逐步得到改善。“一带一路”合作开始由简单地追求投资项目的数量向注重投资合作项目的质量转变。这是“一带一路”投资合作项目走深走实的关键，更是落实习近平总书记关于“一带一路”合作中“把握重点方向，聚焦重点地区、重点国家、重点项目”的关键举措，也是促进“一带一路”建设从“大写意”转向“工笔画”的重要论述。因此，在推动共建“一带一路”向高质量发展转变的过程中，各类投资项目的投资成效被放到了突出位置，尤其是创新方面的成效。这不仅是“一带一路”背景下中国对外直接投资（outward foreign direct investment，OFDI）取得长期收益和成效的重要保证，更是国家核心竞争力打造的关键。

因此，在“一带一路”背景下，中国的对外直接投资的创新效应如何呢？探讨这一问题，不仅能全面评估“一带一路”背景下中国对外直接投资的成效，更能检验“一带一路”背景下中国对外直接投资项目的优劣，对后续推进“一带一路”合作投资项目以及开放型经济的发展具有重要的参考意义和价值。尤其是在当前构建“双循环”新发展格局的要求下，如何统筹国内经济循环与国际经济循环，推进二者相互影响、相互促进是新的焦点。那么，检验“一带一路”背景下中国对外直接投资分别对本国和东道国所产生的创新效应，能使我们对如何促进国际、国内“双循环”新发展格局有更加清晰的认识。具体而言，中国作为投资国，在“一带一路”背景下，推进对外直接投资对本国的创新能力的建设有怎样的促进作用？同时，对于东道国而言，中国的对外直接投资对其创新能力和水平的提升有怎样的促进作用？这些是本书需要探讨的。基于此，本书收集了2009—2018年中国对外直接投资的相关数据，分别从母国和东道国的角度，探讨“一带一路”背景下中国对外直接投资的创新效应。其中，关于“一带一路”背景下对外直接投资对于母国创新效应的探讨，本书分别从企业层面和区域层面予以实证探讨和检验；对东道国创新效应的探讨，本书聚焦于国家层面进行相应的实证探讨与检验。最终的研究结论如下：

第一，通过对外直接投资获得技术进步与技术创新是一国培育其竞争优势的重要途径。在“一带一路”背景下中国对外直接投资，通过产业转移效应、产业集聚效应、技术溢出效应、需求拉动效应、竞争效应和特定优势整合效应能促进母国创新能力的建设和创新水平的提升。

第二，在“一带一路”背景下，中国企业作为对外直接投资的主体，在“走出去”的过程中，在融合母国国家特定优势、企业特定优势和东道国特定优势的过程中，通过整合全球优势资源和要素，不仅能吸收先进的技术和知识，还能更好地发挥比较优势，提升创新能力和水平。在借鉴双重差分模型（difference in difference，DID）思想的基础上，通过建立实证模型，分析得出“一带一路”倡议的实施对参与对外直接投资的企业创新能力和创新水平的提升有正向的、显著的促进作用。特别是对国有企业参与对外直接投资，“一带一路”倡议的实施对其创新能力和创新水平提升的促进作用更为显著。

第三，借助DID的思想，将“一带一路”倡议实施的时间节点、对外直接投资、“一带一路”规划的重点省份和创新效应纳入同一个分析框架进行综合性比较分析，利用省级面板数据，实证分析“一带一路”背景下中国对外直接投资的区域创新效应，重点检验“一带一路”倡议实施对中国对外直接投资产生的区域创新效应的促进作用，得出“一带一路”倡议的实施对对外直接投资的区域创新效应能起到显著的、正向的促进作用。

第四，在“一带一路”背景下，中国对外直接投资对各东道国创新能力建设和创新水平的提升有显著的、正向的促进作用。对比中国对三类不同经济发展水平的国家和四类不同融资约束的国家的对外直接投资情况分析得出，“一带一路”倡议的实施对中国在中等收入国家和享有国际复兴开发银行贷款权限的国家直接投资的创新效应更为显著。

总体而言，本书可能存在以下几个方面的边际贡献：

第一，分别从投资国和引资国的视角来看待“一带一路”背景下中国对外直接投资的创新效应。由于“一带一路”倡议是一个长期的、发展导向型的区域合作机制，“一带一路”背景下的中国对外投资行为所产生的影响效应，在短期内对于投资国和引资国双方可能有所不同，但从长期来看，创新能力和创新水平的提升是双方关注的重点。从投资国和引资国的双重视角进行相应的实证分析和检验，为“一带一路”背景下中国对外直接投资的效应研究提供了更加全面的视角。

第二，聚焦不同的方面，依据投资国和引资国不同的情况，分别探讨“一带一路”背景下中国对外直接投资对于中国和东道国的影响效应。对于投资国，重点从微观企业层面探讨“一带一路”背景下对外直接投资给中国企业创新能力和创新水平的提高所带来的影响，从区域层面探讨“一带一路”背景下对外直接投资给中国区域创新能力的提升带来的影响。而对于东道国，重点从国家层面探讨“一带一路”背景下中国对其直接投资所产生的创新效应及影响机制。这为中国对外直接投资效应的探讨提供了一个综合的分析框架。

第三，本书丰富了对外直接投资尤其是发展中国家、新兴经济体对外直接投资研究的理论基础，从国家特定优势理论的角度，基于“一带一路”倡议实施的特殊节点，探讨了对外直接投资过程中，母国的国家特定优势在促进企业的特定优势与东道国的特定优势融合方面，能更好地发挥其对创新效应提升的促进作用，为对外直接投资未来的研究方向和领域提供了参考。

第四，本书的研究成果不仅从理论层面对现有对外直接投资的研究成果进行了拓展，而且在实践层面为“一带一路”背景下企业在“走出去”的过程中，为参与“一带一路”合作提供了一定的参考和借鉴。同时，本书的研究结论对回应西方社会对于“一带一路”合作项目的质疑和不切实际的声音提供了有力的证据。

Contents

目　录

第一章　绪　论

本章主要聚焦于现实背景，以“一带一路”背景下中国对外直接投资（OFDI）的重要性为出发点，结合共同推进“一带一路”高质量建设的现实要求，提出“一带一路”背景下中国 OFDI 是否对投资国（母国）和引资国（东道国）分别产生积极的创新效应这一核心问题。在此基础上引入本书的研究内容、研究方法、技术路线等内容。

1.1 研究背景与意义

1.1.1 研究背景

随着“一带一路”倡议的逐步实施和落实，在中国 OFDI 规模日益扩大和不断发展的现实背景下，如何更好地发挥对外直接投资的影响效应，共同实现中国的投资目标与引资国引资目标，是学界持续关注的一个重要研究方面。

（1）现实背景

当前国家发展向创新驱动转变，在“一带一路”背景下，对外直接投资目的地和对外直接投资动机发生调整和转变，与之相应的投资效应发生了怎样的转变和调整呢？是否能够对本国的创新能力和创新水平提升等方面产生积极影响？这不仅关系到如何更好地推进中国对外直接投资的问题，更是推进国家高质量发展、建设创新型强国的重要方面。当前新的国际形势复杂，全球性突发事件频发，如：世界经济持续下行，全球化与反全球化浪潮此消彼长；中美签订不平等的贸易协定，英国脱欧，大国关系日益复杂；新工业革命方兴未艾，多种重大颠覆性技术涌现；恐怖主义盛行，全球性的公共卫生突发事件悬而未决，宏观环境更趋复杂。各国在对外开放的过程中，如何在新的形势和时代背景下，做出适当的调整，适应各方面的变化，用创新的思路、创新的方法、创新的模式实现创新的发展，取得创新的成果，巩固现有的经济基础和发展水平，是非常紧迫且非常重要的一个方面。在新的形势下，探讨对外直接投资所能产生的创新效应具有现实的指导意义。

首先是"一带一路"背景下中国对外直接投资的重要性日益凸显。随着"一带一路"倡议的推进，对外直接投资在中国国民经济中发挥的作用日趋重要（崔新健和李健，2018），跨境直接投资已成为中国与"一带一路"沿线国家经济合作的重要方式（范硕和何彬，2017），加大对"一带一路"沿线国家的投资也成为中国推进"一带一路"倡议实施的关键环节（钟飞腾 等，2015）。"一带一路"倡议中将贸易投资便利化放在了非常重要的位置，由于大多数"一带一路"合作沿线国家的基础设施建设不够完善，因此基础设施建设及相关产业的投资成为"一带一路"倡议逐步实施和落实的重要方面（刘震，2017）。随着中国与"一带一路"沿线国家互联互通的加强，中国在沿线国家 OFDI 的规模不断扩大，与各沿线国家的投资联系也日趋紧密。通过设立境外经贸合作区，中国的对外投资已从过去单一行业领域投资转向全产业链投资（余虹，2017）；以基础设施建设和跨境经贸合作区打造为主的投资成为"一带一路"背景下经贸合作的重点内容（张亚斌，2017）。中国与"一带一路"沿线国家投资合作便利化逐步得到加强，沿线各国营商环境也逐步改善，中国对外直接投资的规模也将进一步加大。从西方发达国家跨国企业成长和崛起的经验来看，开展对外直接投资和在全球市场布局是企业实施国际化战略以及做大做强的秘诀和不二之选。中国企业要发展壮大并真正走上国际化的道路，必然要在全球范围内获取优质的生产要素和先进的生产技术，并在此基础上进行资源整合。大力推进"一带一路"倡议的实施为中国企业更好地"走出去"，直接进行海外投资活动提供了更加广阔的机遇和良好的条件，抓住并利用好该倡议的战略机遇期，不仅将提升企业海外获利的空间，更能加快产业转型升级的步伐，增强企业的国际竞争力和国际影响力。

其次是“一带一路”背景下中国对外直接投资影响效应研究的必要性。对外直接投资影响效应的发挥是实现投资国和引资国共同目标的关键环节。“一带一路”背景下中国对外直接投资产生的效应研究，一方面对中国提高 OFDI 效率、优化 OFDI 结构和升级 OFDI 模式等方面具有重要的现实意义和参考价值；另一方面，对进一步推进中国与各国双边经贸关系良性发展与互动将起到不可替代的作用，特别是在推动中国与“一带一路”沿线国家区域经济合作方面起到重要的促进作用。从几次对外投资浪潮来看，无论是对投资国还是对引资国的经济发展，都产生了巨大的影响效应（李迎旭和田中景，2013），但所产生的效应在不同的母国和东道国之间存在巨大的差异。据悉，在 2001—2016 年，发展中经济体成为全球外商直接投资增加的主要受益者，其平均收益是发达经济体的两倍之多（OECD，2017）。而“一带一路”沿线大多数国家是发展中经济体，自“一带一路”倡议提出以来，中国对沿线各个国家和地区的直接投资不仅在规模和力度上有所增强，而且呈现出一些新的特征。一方面，随着“一带一路”倡议的实施和推进，中国对沿线国家的直接投资效应开始凸显，中国在沿线国家所开展的 OFDI 活动也逐步开始转化并产生相应的经济效应和非经济效应，而且作为“一带一路”建设的发展成果，OFDI 活动开始发挥示范效应，对中国与其他国家的投资合作起到引领作用。另一方面，“一带一路”沿线国家和地区大多数属于发展中经济体，近年来，在吸引外商直接投资方面也呈现出明显的优势特征。据亚洲开发银行在 2017 年发布《满足亚洲基础设施建设需求》的研究报告显示，为了实现 5% 以上年度经济增长目标，预计从 2016 年到 2030 年，仅东南亚国家就需要总计 2.759 万亿美元的基础设施投资额；如果从应对全球气候变化的角度来估算，这一数字将达到 3.147 万亿美元。“一带一路”背景下，中国对沿线相关国家在基础设施建设方面的投资将成为其中非常重要的一个组成部分。余虹（2017）认为，中国对于“一带一路”沿线国家的直接投资，比如在基础设施建设项目的投资方面，相对于短期的经济利益回报，中国更看重建设这些互联互通交通基础设施所能带来的中长期地缘政治利益。李向阳（2017）认为把“一带一路”投资合作项目能否产生一定的经济效应作为判断该“一带一路”投资合作项目成功与否的标准是有其必要性的。但是，在这个过程中，如果只是单纯地关注经济收益，那么“一带一路”背景下的对外投资合作与传统的对外投资合作就没有任何差别了，“一带一路”倡议的提出与实施也就失去了其应有的意义和价值。此外，如果只把“一带一路”背景下的投资行为看作政府追求“义”的行为之一，或者将其看作对外援助的翻版，而忽略企业的投资收益和经济回报，那么“一带一路”背景下中国的OFDI项目也将失去可持续发展的基础。同时，习近平总书记在中共中央政治局第三十一次集体学习时指出，推进“一带一路”建设不是短期行为，中国企业在参与“一带一路”投资项目的过程中，既要重视投资利益，也要注重国际企业形象的打造，不仅要遵守驻在国法律，更要承担更多的社会责任。所以，对外直接投资的效应，除了经济效应，中长期的各方面效应也是推进过程中所应考量的重要方面。自高质量推进“一带一路”建设提出以来，基于国际社会对“一带一路”的广泛关注，中国政府已经开始按照“一带一路”投资合作项目“走深走实、行稳致远”的要求，对“一带一路”投资合作进行了调整，由最初只关注投资数量上的增加，开始向关注较高投资成效的方向转变，不仅着眼于提升“一带一路”投资合作项目的实际成效和收益，而且对“一带一路”合作的风险管控问题、融资可持续性问题、投资合作的开放性和透明度等方面（赵明昊，2018），都有新的部署。在新的时代背景下，中国对“一带一路”沿线国家的直接投资行为将告别粗放型的投资方式，优化和升级传统的投资结构，将产生更积极的影响效应。

再次是创新在开放型经济发展中的地位和作用。全球价值链分工体系使该体系下的任何一个参与国都成为全球价值链上的重要一环——参与国际分工，专业化地从事某个或某几个特定生产环节。此次在全球蔓延的新冠肺炎疫情使全球供应链中断，也使全球价值链的某些环节受到最直接的冲击。如何减少或减轻这种全球范围内因全球性的公共卫生突发事件导致的经济的停摆，供应链、价值链的中断带来的巨大损失？唯有创新才能解决这一全球困境，唯有创新才能让身处疫情中的国家具备动态适应能力，及时调整对策，为一国产业链的调整和布局提出新的、可行的方案。当前，中国经济增长模式正发生变化，从以出口、引资驱动为主向投资、创新驱动的方向转型，“一带一路”倡议的实施并不是简单的中国对外直接投资，更重要的是逐步提升产业、行业标准的国际话语权（王义桅，2018）。因此，“一带一路”倡议背景下，中国对外直接投资对一国创新能力建设和创新水平的提升提出了更高的要求。

创新作为一国进步的源泉和发展的不竭动力，是先进生产力的缔造者和推动者，是企业的强盛之基、民族的进步之魂。创新能力的建设对于一国核心竞争力的打造必不可少，对于区域经济的发展和进步至关重要，对于企业在激烈的竞争中脱颖而出并保持应有的市场份额是关键中的关键。《中国制造 2025》将提升创新能力放在了至关重要的位置。在 2017 年首届“一带一路”国际合作高峰论坛上，中国国家主席习近平提出了同“一带一路”沿线各国加强创新交流与创新合作的愿望，“一带一路”倡议框架下的科技创新行动计划随之启动，与创新能力建设紧密关联的一系列科技交流与合作、技术转移等被列入重点计划之中。2019 年，习近平主席又在第二届“一带一路”国际合作高峰论坛上，强调了数字丝绸之路、创新丝绸之路建设的可行性和必要性，强调了创新人才交流项目的重要性。这不仅是为了顺应新一轮工业革命发展的潮流与趋势，迎接数字化、网络化、智能化时代的挑战，更是为了与“一带一路”沿线国家共同探索和创新合作模式与合作路径的一种重要举措。所以，在国家加强实施“走出去”战略和大力推动创新驱动战略的背景下，越来越多的中国企业参与到“一带一路”合作投资项目中来，开始国际化的进程，积极融入全球的创新网络系统中去（胡琰欣 等，2018），整合和吸收全球优势的资源和先进的要素“为我所用”，在这个过程中逐步提高创新能力和创新水平。李勃昕等（2019）提出提高中国创新能力的两种途径之一就是通过对外直接投资获取国际技术溢出进行二次创新。那么，在高质量推进“一带一路”建设的过程中，作为“一带一路”倡议实施非常重要的一个方面——中国对外直接投资，其创新效应如何呢？对于这一问题的探讨，不仅能全面评估“一带一路”背景下中国对外直接投资的成效，更能检测“一带一路”背景下中国对外直接投资项目的优劣，对于后续推进“一带一路”合作投资项目以及开放型经济的发展具有重要的现实意义和参考价值。

总的来看，"一带一路"背景下，中国对外直接投资已取得阶段性成果。"一带一路"倡议实施初期，以增加投资项目数量为主的、粗放式的投资方式已经难以为继，中国对外直接投资的质量和结构需要进一步提升和优化。"一带一路"背景下的中国对外直接投资的创新效应，可以说是检验中国 OFDI 质量和成效的重要指标之一。中国 OFDI 的创新效应对于高质量推进"一带一路"建设，增强中国与"一带一路"沿线国家在科技创新方面的合作，共同推进和打造开放型经济的创新之路，进而助力国家创新能力建设和创新水平提升具有重要的意义。但"一带一路"背景下，中国对外直接投资会对投资国和引资国究竟会产生怎样的创新效应？这一问题还需要接受实践的检验。

（2）理论背景

Berning 等（2012）通过分析 62 篇关于中国 OFDI 的文献，发现大部分研究均认为现有的国际化理论不适合用以解释中国的 OFDI，需要拓展和延伸已有的理论框架或用新的理论视角来解释。也就是说，还没有一种理论能完全解释中国 OFDI 活动，特别是在"一带一路"倡议实施过程中中国 OFDI 目的地的转变。不管是用传统的跨国公司理论、国际商务理论、FDI 理论、邓宁的国际生产折衷理论，还是用交易成本理论、资源基础观、代理理论和制度理论等来解释中国 OFDI 行为，均有其合理性和局限性。通过梳理，本书发现，已有的文献均是基于不同的投资时机而得出的结论。中国企业 OFDI 行为由于国家特定优势（母国和东道国）在不同的时期可以内化为企业自身的特定优势，中国企业 OFDI 在不同的经济体和不同阶段的投资活动存在差异（Kang and Jiang，2012）。因此，需要从不同的投资时机，结合母国和东道国的国家特定优势进行分析，才能得出更加合理的结论。"一带一路"背景下的中国对外直接投资正是基于"一带一路"倡议这个重要的投资时机而进行的投资活动。

目前，现有文献中关于中国 OFDI 的影响效应研究主要集中于 OFDI 经济效应的探讨，包括经济增长效应（丁鸿君和李妍，2017；孔群喜和王紫绮，2019；孔群喜 等，2019）、贸易创造效应和转移效应（封肖云 等，2017）、就业效应（张建刚 等，2013）、国内投资效应（宫汝凯和李洪亚，2016）、全球价值链提升效应（杨连星和罗玉辉，2017；姚战琪和夏杰长，2018；彭澎和李佳熠，2018）等。对于“一带一路”背景下中国 OFDI 的创新效应，现有的研究成果还不多，主要聚集于某一个方面，如对投资国企业层面的创新效应（何彬和范硕，2019；王桂军和张辉，2020；贾妮莎 等，2020）、对投资国区域或行业层面的创新效应（周乐意和殷群，2016；胡琰欣 等，2018；聂名华和齐昊，2019；宛群超 等，2019）或者集中探讨对外直接投资对东道国的创新效应（李洪亚和宫汝凯，2016）等。但少有文献从投资国和引资国的双重视角来综合看待中国 OFDI 的创新效应，或者综合宏观层面、中观层面和微观层面研究“一带一路”背景下中国 OFDI 的创新效应。而对外直接投资创新效应的实现，不是一个单向度的简单过程，而是涉及多个参与主体的综合作用的结果。对于“一带一路”背景下参与中国对外直接投资的企业而言，除了自身企业的特定优势的考量之外，不可避免地受到国家特定优势的影响和制约，不仅是母国的国家特定优势，还有东道国的国家特定优势。基于此，结合上述理论背景，为了拓展关于“一带一路”背景下，中国对外直接投资的创新效应研究，本书综合探讨“一带一路”背景下，中国对外直接投资对母国和东道国的创新效应，同时对于母国的创新效应分别从企业层面和区域层面进行相应分析和检验。

1.1.2 研究意义

（1）理论意义

对于“一带一路”倡议，学者们通常从多学科、多角度进行相应的解读和论述。对于“一带一路”背景下的中国 OFDI 行为，不仅有国际经济学层面的含义，更有国际关系学和地缘政治经济学方面的内涵，那么对于中国对外直接投资效应的研究也要综合多学科的范畴进行相关研究，以期从更加全面的视角和更加宽广的范围来综合探讨中国对外直接投资的影响效应。因此，对外直接投资创新效应的研究需要拓展和借鉴已有的对外直接投资理论，从国家特定优势的角度进行理论梳理。此外，现有的国际投资理论以及对 OFDI 效应的研究，大多关注发达经济体的 OFDI 行为，研究发展中国家对发展中国家直接投资双边效应的文献，目前来看还相对较少。而中国的对外直接投资模式、投资规模、投资效应和投资目的地等，既不同于发达国家，也不完全同于发展中国家。比如，“一带一路”沿线国家，可以说大部分甚至绝大部分是发展中国家，属于中等收入国家的行列，与发达经济体还存在一定的差距。在"一带一路"背景下，中国对外直接投资的创新效应探讨，既要结合发达国家的对外直接投资理论，也要借助于发展中国家的对外直接投资理论，从国家特定优势的角度，既融合母国的国家特定优势，又结合东道国的特定优势，考查这两类优势在向企业的特定优势转化的过程中，如何促进创新能力和创新水平的提升，从而探讨出其中的内在机理，拓展已有的理论框架，为对外直接投资的理论构建提供一点经验参考。

（2）实践意义

在以要素分工为特征的全球化进程中，中国和"一带一路"沿线国家均在全球价值链中占据相应的位置。闫云凤和赵忠秀（2018）认为中国一方面要积极融入全球价值链分工体系，在深度参与全球价值链分工的过程中，调整和优化本国的产业结构；另一方面，也需要防止由于大规模产业外迁和转移而带来国内产业空心化的问题，避免由此产生的不良连带效应。在"一带一路"倡议稳步推进的过程中，中国 OFDI 迎来了空前的机遇，也面临着一些挑战，如 OFDI 的安全性问题和竞争性问题，以及投资风险如何进行管控的问题等。因此，在"一带一路"背景下，探讨中国 OFDI 所面临的问题和挑战，重点关注中国 OFDI 所能产生的创新效应，对于促进中国 OFDI 的有效价值和长远利益的实现，深化双边经贸合作和优化中国对外直接投资的投资结构有着重要的现实意义，对推进新型区域经济合作和为全球治理提供合适、可行的区域方案等也将发挥相应的作用。

此外，近年来中国对外直接投资流量和存量的数据表明，中国在"一带一路"沿线国家的 OFDI 增速明显高于其他区域，除了地理上的邻近和文化上的相似性，是否还有其他原因？除了经济利益方面的考量是否还存在长远的利益布局？另外，对外直接投资需要投资国和引资国的目标匹配后才能顺利推进，相较于其他投资国，中国在"一带一路"沿线国家直接投资额的增长在一定程度上表明双方在各自利益方面的融洽程度。那么究竟双方在这样一个过程中获得了怎样的利益呢？除了双方各自的经济利益之外，是否还存在创新效应？如果存在，这种创新效应的产生和作用的发挥对于投资国和引资国在强度上是否又有所不同？对这些问题的探讨一方面对于进一步推进中国与各引资国的双边经贸关系将起积极的作用，另一方面对中国对外直接投资的投资结构和投资模式的调整和更新可以起重要的参考作用。

在“一带一路”背景下，中国对外直接投资产生的创新效应研究，不仅能充实和拓展中国对外直接投资的理论以及创新型国家建设理论，厘清中国对外直接投资中所存在的问题和障碍，还能进一步分析影响中国 OFDI 趋势变化和效应产生的因素，为优化中国 OFDI 结构、提升中国在“一带一路”沿线国家的投资效率提供相应的对策，为沿线国家如何提高其创新能力建设水平提供相应的建议，还能为中国开放型经济的发展以及区域新型经济合作、全球治理结构的完善提供建议和参考，因此具有重要的理论和实践意义。本研究也将在理论和实践层面做出新的尝试。

1.2 研究问题和研究内容

1.2.1 研究问题

通过对上述既有文献研究现状的综合阐述，本研究主要探讨在“一带一路”背景下中国对外直接投资的创新效应，凸显“一带一路”倡议对于 OFDI 创新效应的促进作用。在前面的背景介绍中，本书提到，创新在中国开放型经济发展中具有举足轻重的作用，对外直接投资作为一国获取创新资源的重要渠道而备受关注。但这一获取渠道主要是通过国际技术溢出效应的方式来实现。在“一带一路”背景下，中国对外直接投资的目的地已不同于以往，“一带一路”沿线国家和地区已成为中国 OFDI 的热点区域。但“一带一路”合作沿线国家大多是发展中国家，那么，中国的对外直接投资通过何种方式和渠道获取创新资源？通过国际技术溢出效应获取创新资源的方式是否仍然发挥作用？或者说“一带一路”背景下中国对外直接投资如何促进本国创新能力和创新水平的提升？基于此，本书提出研究问题 1：

“一带一路”倡议的实施，如何促进中国 OFDI 对母国创新能力建设和创新水平的提升？

在探讨“一带一路”背景下中国 OFDI 对母国的创新效应时，本研究首先从企业层面进行实证分析。企业作为对外直接投资的主体，在对外直接投资的过程中，投资效应作用的发挥最先反映在企业的竞争力方面。根据异质性企业贸易理论，企业因所处的行业和生产率的水平具有天生全球化的特征。比如知识密集型行业的企业更有可能从成立之初就具有国际化导向，并迅速选择合适的投资目的地实现国际化（Bell et al.，2004）。对于研发能力要求较高的企业，为保持其在行业中领先的位置并赶上快速发展的技术，更愿意以发达经济体为投资目的地从事寻求战略资产的对外直接投资活动，向发达经济体的同行学习，以保持其行业竞争力。部分企业为避免所处的行业环境中一些竞争威胁（Boisot and Meyer, 2008），而选择行业环境相对适宜的国家进行投资活动。"一带一路"倡议为各类企业在"走出去"的过程中，提供了巨大的机遇和广阔的发展前景。那么在这一过程中，"一带一路"倡议的逐步实施，如何使企业通过 OFDI 获得创新方面的积极影响呢？因此，提出本书的研究问题 2：

"一带一路"倡议的实施，如何促进企业在 OFDI 的过程中提升其创新能力和创新水平？

除此之外，探讨"一带一路"背景下中国对外直接投资对母国的创新效应，将从区域层面进行实证检验。对照近几年《中国区域创新能力评价报告》和《中国对外直接投资统计公报》的相关数据，可以发现中国区域创新能力的排名与中国 OFDI 的区域排名基本一致。因此，在"一带一路"倡议实施和国家创新驱动战略的双重背景下，区域的创新能力建设和创新水平提升，在各区域参与对外直接投资的过程中，是否也受到了积极的影响？因此，提出本书的研究问题 3：

"一带一路"倡议的实施，如何通过 OFDI 活动提升区域的创新能力和创新水平？

在本书的研究背景中已经提到，对外直接投资的影响效应既包括对投资国的影响效应，也包括对引资国的影响效应。分别从投资国和引资国两方面综合看待中国 OFDI 的影响效应，才能得出更加全面和更加客观的结论。"一带一路"背景下，中国与沿线国家经贸往来活动的开展不仅能实现中国经济的发展，提升中国的国际竞争力，更能实现沿线国家的共同繁荣（高菠阳 等，2019）。所以，在前文对母国的影响效应进行探讨后，对东道国的投资效应也需要进一步的探讨。对发展中国家而言，吸引外商直接投资可以带来国内产业结构和经济结构的调整，缓解就业压力和资金不足的问题，加快对外贸易的不断发展，在促进国内经济发展方面发挥重要的作用。同样，对发达国家来说，作为资本和先进技术的主要拥有者，吸引外商直接投资，可以使全球资本更快流动，将竞争力引向其优势领域，吸引、网罗和汇聚全球优秀人才，获取、利用和整合优质资源，在这个过程中获取更大的投资收益。因此，提出本书的研究问题 4：

“一带一路”倡议的实施，如何通过 OFDI 提升各东道国的创新能力和创新水平？

1.2.2 主要研究内容

对外直接投资对投资国和引资国所产生的影响效应是大不相同的。首先对投资国来说，通过对外直接投资实现经济的增长、过剩产能的转移、产业结构的升级、优势资源和要素的整合、国际竞争力的提升等。其中，对发展中国家来说，通过对外直接投资，可以绕过非关税壁垒，保护出口市场；突破配额限制，扩大市场份额；减少流通环节，降低生产成本，以低成本的产品参与国际竞争；或为获取全球化的资源和战略性资产，参与全球价值链分工，为参与全球创新网络系统准备必要条件。对发达国家来说，通过对外直接投资，不仅可以开拓国内外市场，带动国内出口（项本武，2005），更能在发挥本国比较优势的基础上，利用全球生产要素，对本国产业结构进行调整、优化和升级，以占据全球价值链的中高端位置，引领全球创新链和创新网络。其次，对引资国来说，吸引外商直接投资，可以实现经济增长、收入水平的提升、劳动生产率的提高、产业结构优化和技术进步等。因此，对外直接投资所能产生的效应和影响，既包括对投资国的部分，也包括对引资国的部分。

在当前构建“双循环”新发展格局的要求下，如何更好地促进国内经济循环与国际经济循环，推动二者相互影响、相互促进是新的焦点。

在“一带一路”背景下，中国对外直接投资，企业除了通过传统的路径获得创新效应外，还会通过国家政策的支持获得创新能力和水平的提升。“一带一路”倡议的实施，企业在积极参与对外直接投资的过程中，一方面可以增加中国企业与发达国家的外循环，通过逆向技术溢出，从而提升整体内循环的质量；另一方面，这种提升了的内循环的质量，在企业向发展中国家进行投资的过程中，又会进一步提升东道国的技术和创新水平，增强外循环的质量。那么具体来看，对于参与对外直接投资的企业，传统的对外直接投资可以通过逆向技术溢出效应、市场扩张效应、资本反馈效应、产业分离效应等获得创新资源和要素的积累，从而提升企业的创新能力和水平。根据国家特定优势理论，国家在国际投资领域的作用明显增强，对于参与对外直接投资的企业而言，由于受到母国产业组织的积极影响和母国政策激励方面的积极干预，企业的国际竞争优势会得到进一步的增强。企业在海外顺利开展对外直接投资，很大程度上是由于企业所在国特定的优势条件发挥了重要的作用。“一带一路”倡议的实施，中国企业迎来“走出去”的巨大机遇的情况下，更是凸显了国家在国际投资领域的重要作用。

在区域层面，参与对外直接投资的各个省，传统的对外直接投资可以通过产业转移效应和产业升级效应等获取创新资源和创新要素累积，从而提升区域层面的创新能力和水平。在全球价值链分工体系下，一国通过对外直接投资，参与到全球价值链分工体系中，产业或部门之间的升级是基于全球价值链分工格局下的多种形态的升级，包括产品、工艺、流程、功能和价值链等方面。因此基于全球价值链体系的对外直接投资，需要在充分考虑国家核心利益的前提下，通过更精心的顶层设计来服务于新时代的产业升级（盛斌和陈帅，2015；张中元，2017）。在“一带一路”背景下，在高质量推进共建“一带一路”的过程中，各区域在国家顶层设计的政策指引下，通过出台相应的产业政策，引导有条件和优势的产业向高新技术产业和高端制造业方向发展，形成新的产业集聚和产业集群，从而提升整个区域范围内的创新能力和创新水平。

在国家层面，在“一带一路”背景下，由于中国在政府力量、政策指引、特定组织、制度支撑、国际影响力和话语权等方面的优势，中国在向发达国家进行投资时，可以通过逆向技术溢出、产业结构调整效应和特定优势整合效应，促进中国的创新能力和创新水平的提高；中国在向发展中国家进行投资时，可以通过技术溢出效应、产业升级效应和特定优势整合效应，促进东道国的创新能力和创新水平的提高。具体如图 1-1 所示。

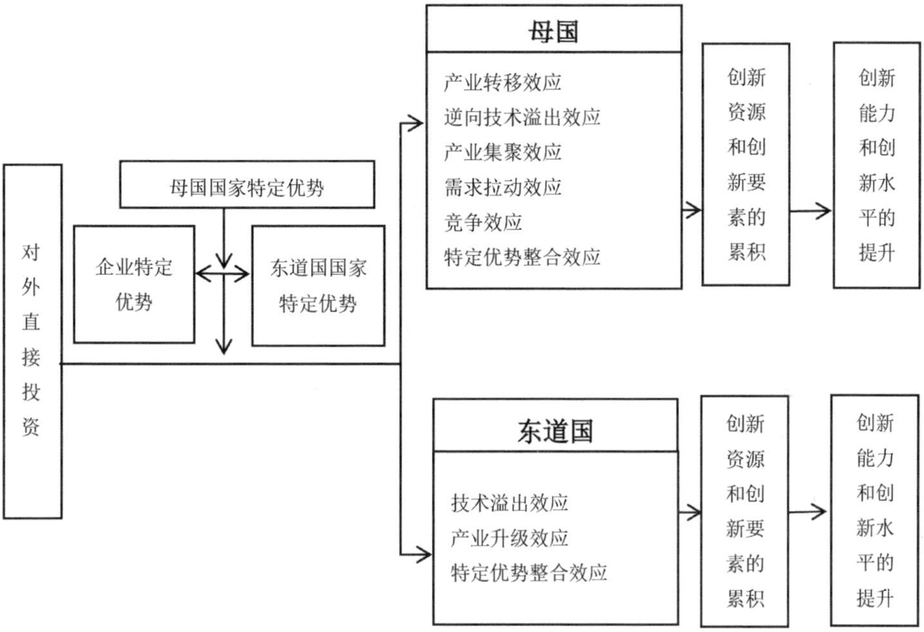

图 1-1 “一带一路”背景下中国对外直接投资创新效应的发生机制

本书从历年的《中国对外直接投资统计公报》、世界银行公开数据库、国泰安数据库、国家统计局数据库、商务部网站、上市公司年报中收集了2009—2018年中国对外直接投资的国别数据、省级数据和企业数据作为样本，将“一带一路”背景下中国对外直接投资效应分为两个方面，一是对投资国（母国）的影响效应，二是对引资国（东道国）的影响效应，分别探讨对外直接投资的创新效应。其中对作为投资国的中国的创新效应，分别从企业层面和区域层面予以探讨。具体主要包括以下几个方面的内容：首先，从微观企业层面探讨“一带一路”背景下中国对外直接投资对母国企业的创新效应，对 2011—2018 年 1967 家上市公司对外直接投资的数据和创新指标进行实证检验。其次，从区域省级层面探讨“一带一路”背景下中国对外直接投资对母国区域的创新效应，对 2010—2018 年全国 31 个省（自治区、直辖市）对外直接投资的数据和创新指标进行实证分析。最后，从宏观层面探讨“一带一路”背景下中国对外直接投资对东道国的创新效应，对 2009—2018 年中国对外直接投资的数据和各东道国的创新指标进行实证分析检验。

1.3 研究方法、技术路线和章节安排

1.3.1 研究方法、技术路线

在研究方法上，本书结合经验分析与理论分析、实证分析与规范分析，以国际经济学方法为主，地缘政治经济学和国际关系学方法为辅，从经济学、政治学和国际关系学等多重视角来观察分析本书提出的问题的同时，基于国家特定优势理论，在结合本书的研究目的的基础上，构建出本书的理论分析框架，并辅以系统的经验分析，从而达到验证、拓展和完善理论的目的。

（1）文献梳理与理论分析。通过广泛阅读对外直接投资的相关文献，全面分析对外直接投资的影响效应的产生、发展和动态变化，从而进一步分析对外直接投资创新效应的发生机制，为研究如何更好地发挥对外直接投资的影响效应奠定理论基础。

（2）比较研究。通过比较中国在“一带一路”沿线国家和非“一带一路”沿线国家的投资情况，同时对照“一带一路”倡议实施前后的情况，来分析中国对外直接投资的创新效应，以期探讨和发现其中的内在机理和运行逻辑。

（3）统计和计量分析。通过梳理中国对外直接投资的流量和存量数据，对中国对外直接投资的国别分布、行业分布、主体结构等进行统计分析。同时，依据 World Bank、UNCTAD、IMF、国泰安和万得数据库等相关数据，采用高科技产品出口的国际市场份额、专利授权数等作为代理变量，运用 Stata 软件，进行计量分析，在此基础上探究中国对外直接投资的创新效应。

（4）实证分析与规范分析相结合。在文献分析、统计分析的基础上，将 FDI 的理论与国家特定优势的理论思想结合，并运用经济计量方法进行理论与实证分析，在此基础上提出科学可行的政策建议。

基于前文对研究背景的分析和研究内容的梳理，本书的技术路线图如下。

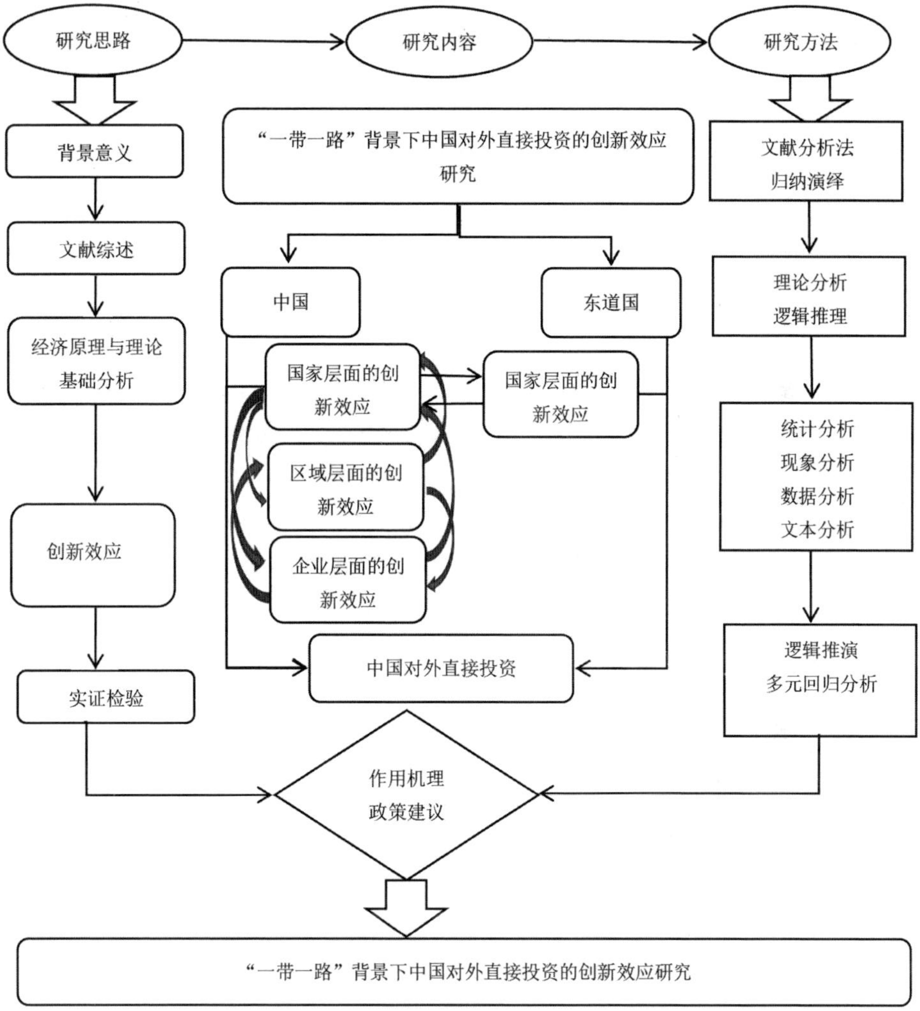

图 1-2 "一带一路"背景下中国对外直接投资的创新效应研究技术路线图

1.3.2 章节安排

结合已有的对外直接投资理论，从国家特定优势的视角，本书对中国对外直接投资与创新效应产生之间的关系进行了深入研究，并选取了"一带一路"倡议实施前后中国对外直接投资的数据进行实证分析检验。本书想要研究的是，在"一带一路"背景下中国对外直接投资如何影响投资国和引资国的创新能力建设和创新发展水平提升？这种影响对投资国和引资国是否存在差异？对中国而言，作为投资国，"一带一路"背景下的国家特定优势如何发挥其对外直接投资创新效应的提升作用？企业作为对外直接投资的主体，如何将国家特定优势（母国和东道国）更好地转化为自身的特定优势，并以此来提升自身的创新能力和水平？东道国作为投资目的地，一方面其国家特定优势的发挥能与企业自身的优势结合来提升竞争力，另一方面母国和东道国的国家特定优势的发挥能对两国经贸关系的展开产生积极的影响，进而影响企业在东道国的投资行为和投资效益。作为东道国，在"一带一路"背景下吸引来自中国的投资对其本国的创新能力和水平的提升有怎样的促进作用？这些均是本书所需探讨的。对于母国，本书从区域层面和微观企业层面进行具体的实证分析。对东道国而言，本书从国家层面进行具体的实证分析。

本书的章节安排如下：

第一章，绪论。该部分介绍了本书研究的背景、意义，回顾了对外直接投资的影响效应研究的相关文献，在对现有研究进行评述的基础上，提出了本书的研究问题，并主要介绍本书的研究内容、研究方法，以及可能存在的创新点等。

第二章，理论基础和文献综述。该部分主要介绍了垄断优势理论、市场内部化理论、国际生产折衷理论、小规模技术理论、技术地方化理论、产业转移理论、技术创新和产业升级理论、投资发展周期论、边际产业扩张论、一体化国际投资发展理论、国家特定优势等与本书相关的理论。对理论的回顾和相关文献的梳理有助于进一步支撑本书所提出的研究问题。

第三章，中国对外直接投资的现状。主要围绕中国 OFDI 的发展历程具体分析了"一带一路"背景下中国 OFDI 的现状，包括中国对"一带一路"沿线国家对外直接投资的发展规模、国别分布特征等。

第四章，"一带一路"背景下中国 OFDI 对母国的创新效应研究。依据 2011—2018 年中国上市公司对外直接投资的数据，以及 2010—2018 年中国省级对外直接投资流量、存量数据，借助 DID 的思想，建立计量模型，分别从企业层面和省级区域层面来探讨"一带一路"背景下中国 OFDI 对母国的创新效应。

第五章，"一带一路"背景下中国 OFDI 对东道国的创新效应研究。本章收集了 2009—2018 年中国对外直接投资的国别数据，借助 DID 的思想，通过建立计量模型，设立对照组和控制组，对比"一带一路"倡议提出前后"一带一路”沿线国家和非“一带一路”沿线国家的情况，实证分析“一带一路”背景下中国 OFDI 对东道国的创新效应。

第六章，结论、启示与展望。本章基于实证结果汇总了本书的研究结论，提出了相应的政策建议，并对研究中可能存在的局限和未来可能的研究方向进行了探讨，为未来研究对外直接投资的学者提供一点参考。

1.4 创新点

本书可能存在的创新点主要体现在以下几个方面：

（1）依据已有的理论，从国家特定优势的角度推导出在“一带一路”背景下中国对外直接投资创新效应可能发生的机制，构建出对外直接投资影响母国创新能力和东道国创新能力的一体化分析框架。

（2）借助 DID 的思想，对“一带一路”倡议实施的政策影响效应进行了实证分析和检验，为企业在开展对外直接投资过程中国家特定优势作用的发挥提供了现实的样本。

（3）结合“一带一路”倡议提出和逐步实施的背景，以及中国对外直接投资的发展阶段，对中国企业对外直接投资的过程中可以内化为企业特定优势和竞争实力的母国的国家特定优势进行了梳理，综合运用企业面板数据和省级区域面板数据实证分析了在“一带一路”背景下中国对外直接投资对中国企业和区域创新能力和水平提升的影响效应。

（4）结合“一带一路”倡议提出的背景和东道国的禀赋差异，对中国企业对外直接投资的过程中母国和东道国的国家特定优势进行了整体分析，综合运用宏观面板数据检验了对外直接投资对东道国创新能力和水平提升的影响效应。同时，考查在“一带一路”背景下，中国对外直接投资对东道国创新效应的提升作用，分别从各东道国的经济发展水平和融资约束所属类型进行实证检验，为改善和调整中国对外直接投资的区域格局提供相应的借鉴和参考。

（5）结合国家特定优势的时空特性，考查中国对外直接投资影响效应的阶段性特征，凸显“一带一路”倡议提出的重要意义，为“一带一路”背景下中国对外直接投资成效的优化提供一点建议和参考。

第二章　理论基础和文献综述

本章为理论基础和文献综述部分，在对基本的概念进行界定的基础上，主要阐述了对外直接投资的影响因素、影响效应和投资动机的相关研究现状，以及“一带一路”背景下的对外直接投资研究现状和对外直接投资创新效应的研究现状。在此基础上，梳理了对外直接投资的理论基础，这些理论包括：垄断优势理论（Hymer，1960）、市场内部化理论（Buckley 和 Casson，1976）、国际生产折衷理论（Dunning，1977）、小规模技术理论（Wells，1983）、后来者视角（Child et al.，2005）、技术地方化理论（Lall，1983）、产业转移理论（Lewis，1978）、技术创新和产业升级理论（Cantwell 和 Tolentino，1990）、边际产业扩张论（Kojima，1978）、投资发展周期论（Dunning，1981 & 1996）、一体化国际投资发展理论（Ozawa，1992）、国家特定优势（Rugman，1981）等。

2.1 基本概念界定

2.1.1 对外直接投资

对外直接投资是国际投资的一种方式，其实施主体是跨国公司。不同的组织基于不同的出发点对这一概念有不同的定义。如国际货币基金组织（international monetary fund，IMF）编印的《对外投资手册》中将对外直接投资定义为："投资者在其所属国之外的国家（地区）所经营的企业中拥有持续利益的一种投资，其主要目的是对该企业的经营管理享有有效的发言权"[1]。经济合作与发展组织（organization for economic cooperation and development，OECD）认为对外直接投资是："一国的居民或者经济体系中的常驻实体与另一国经济体系中的常驻实体建立长期关系，获取长期利益并对之进行控制的投资。"[2]2010年，中国商务部、国家统计局和国家外汇管理局联合印发的《对外直接投资统计制度》中对对外直接投资的概念进行了明确的解释，即认为对外直接投资是指："中国境内投资者，包括企业或团体，以现金、实物或无形资产等方式，在国外及港澳台地区设立、购买国外企业，并以控制该企业的经营管理权为核心的经济活动。"本章参照《对外直接投资统计制度》的定义来展开相应的研究。

2.1.2 对外直接投资的影响效应

对外直接投资的影响效应，是指对外直接投资所产生的后果。对外直接投资作为一种跨越国界的经济行为，它的发生对投资国、引资国都会产生相应的影响。已有的研究更多关注对外直接投资的经济影响效应，简言之就是对外直接投资所产生的经济后果。王恕立（2003）认为企业效应、东道国效应和母国效应是从对外直接投资所涉及的三维主体角度所做的效应分类。对于企业而言，基于企业自身经营优势和外部因素（母国变量和东道国变量）开展对外直接投资所追求的目标实际利得，就是对外直接投资的企业效应。与此相对应，企业的对外直接投资给东道国和母国带来的综合利得分别称为东道国效应和母国效应。因为投资本身具有投资乘数效应，王恕立（2003）进一步认为国际直接投资是一种具有正效应的体制创新，这种创新来自生产要素突破国界而进行的优化配置和生产组织形式，因而对于投资合作者而言

1. 聂飞．中国对外直接投资的产业转移效应研究[M]. 北京：经济管理出版社，2019.

2. OECD. World Investment Report[R]. Geneva: UNCTAD, 2003.

是一种具有正效应的经济活动。已有的研究中关于 OFDI 宏观层面的经济效应包括经济增长效应、就业效应、贸易创造和转移效应、国内投资效应、制度变迁效应等方面，产业层面包括产业结构调整效应、价值链升级效应等方面，企业层面包括企业的收入效应、技术溢出效应、内部化效应和学习效应等方面。刘海云和聂飞（2015）通过绘制 OFDI 的对外产业转移效应发生机制示意图，认为对外直接投资的影响效应由对外直接投资的方式决定，进而决定着对外直接投资的目标实现。

2.1.3 创新和创新效应

“创新（innovation）”一词的概念最早是由美籍奥地利政治经济学家约瑟夫·熊彼特（Joseph Alois Schumpeter）提出。他在 1912 年出版的《经济发展理论》一书中引入了他的“创新”理论。在其 1934 年出版的著作中，他又从五个方面（包括新产品、新生产方式、新市场、新材料与新组织形式）来对“创新”进行阐述和解释。随后，他又在 1939 年出版的《经济周期》一书中，将“创新”定义为“在经济生活的范围内以不一样的方式做事”（代明等，2012），并比较全面系统地提出了以技术创新为基础的经济创新理论。“创新就是建立一种新的生产函数”以及“包括新产品、新生产方式等在内的五种创新模式”属于熊彼特对创新一词的开创性发现。学者们在传承熊彼特思想关于创新理论的解释的基础上，对创新的内涵进行了拓展和延伸，创新的范围因此也逐渐得到丰富和扩展，包括诸如：企业创新、区域创新、国家创新、企业家创新、科技创新、制度创新、政策创新、管理创新、产业创新（文化创新、教育创新、金融创新）等。围绕“创新”而引申出的相关概念，如创新链、创新系统、创新网络、创新效应等，也被诸多学者关注并形成了相应的研究体系。其中，“创新效应”一词与创新链、创新系统和创新网络等概念所包含的内容有相同的部分，又有其独特的内涵。有部分学者认为，创新效应是创新活动所产生的影响，包括知识的扩散、技术的溢出和技术创新知识链的形成等（章建新 等，2007）。有部分学者认为创新效应是指对创新活动的影响，包括对创新活动的促进效应和抑制效应（张杰和郑文平，2017），创新补偿效应和创新拉动效应（张先锋 等，2014），创新投入与创新产出的比较（吴建军和仇怡，2013），技术吸收效应和创新激励效应（孙早和许薛璐，2017）等。有部分学者认为，创新效应是指为创新创造的条件和达到创新的目的，包括降低创新成本和创新风险，营造良性的区域创新氛围，培育创新合作的意识，通过衍生高科技企业，实现创新突破（王会龙和池仁勇，2004）。另有学者认为创新效应是指与创新相关的行为，如创新投入（李悦 等，2014）。也有学者将创新效应等同于创新成果和创新绩效（吕宏芬和刘斯敖，2011；王班班和齐绍洲，2016；吴航和陈劲，2019）。本研究综合已有的研究成果，将创新效应界定为包含创新活动发生前和发生后的一系列的创新行为，包含创新活动在发生、发展的过程中所产生的一系列结果，可以是创新行为、创新产出、创新水平、创新效率、创新能力和创新成果等。

2.2 理论基础

2.2.1 OFDI 的微观理论

（1）垄断优势理论。美国学者海默（Hymer）于 1960 年在其博士论文《国内企业的国际化经营：对外直接投资的研究》中提出了垄断优势理论。这一理论是最早对企业 OFDI 进行研究的理论。该理论认为，企业 OFDI 的决定因素有两点：一是市场不完全性，二是企业具备垄断优势。海默的导师金德尔伯格（Kindleberger）在垄断优势理论提出后，对该理论进一步进行了补充与完善，并提出市场的不完全性为企业进行 OFDI 提供了客观条件，而是否进行 OFDI 真正取决于企业自身是否存在垄断优势。该理论进一步指出，企业在管理和技术等知识资本方面的优势，是企业能够进行 OFDI 的关键决定因素，没有这些垄断优势，企业的对外直接投资将无法进行。所以，垄断优势理论回答了企业为什么开展对外直接投资的问题，能解释第二次世界大战后发达国家 OFDI 的迅速发展。但对于缺乏垄断优势的发展中国家企业日益增加的 OFDI 行为，缺乏解释力。

（2）市场内部化理论。英国学者巴克利（Buckley）和卡森（Casson）于 1976 年提出了该理论。该理论的假设前提是：企业的生产经营是在不完全市场竞争中进行，以追求利润最大化为主要目标。而通过 OFDI，企业不仅可以将中间产品的生产和交易在企业内部进行，将中间产品的外部市场内部化，而且能最大化地实现企业的利润。市场内部化理论聚焦于企业外部市场的不完善，当企业的市场内部化跨越国界时，企业的 OFDI 活动就产生了，而通过 OFDI 企业外部市场的不完善所带来的消极影响能被企业内部化的优势抵消和克服。比如，企业所拥有的科技和知识型中间产品如果通过外部市场来组织交易，就会面临外来者劣势和知识资产消散的风险（Buckley，2018），且这些风险具有高度的不确定性，对于企业利润最大化目标的实现造成相应的阻力。那么，企业就会通过选择 OFDI 来建立内部市场，可以利用企业比外部市场更低的成本和更高的效率，避免市场失灵情况的发生。在这一过程中，企业特定因素、产业特定因素、区域特定因素、国别特定因素等共同起决定作用。该理论为跨国企业如何克服 OFDI 过程中外部交易成本过高的问题提出了解决方案，回答了什么类型的企业可以开展对外直接投资的问题。但该理论无法对对外直接投资的目的地选择问题和短期投资行为做出解释。

（3）国际生产折衷理论。英国学者邓宁（Dunning）于 1977 年基于垄断优势理论、内部化理论和区位优势理论等已有研究，提出并形成了一整套完整的理论体系。该理论认为企业是否进行 OFDI，由企业是否具备三个方面的优势所决定，即内部化优势（internalization advantages）、所有权优势（ownership advantages）和区位优势（location advantages）。其中，所有权优势是企业能够进行 OFDI 的基础，具体是指企业进行 OFDI 时，相比于其他企业，在规模、技术、资金、经营管理等方面所享有的优势；内部化优势是指企业为了避免市场的不完全性带来的风险，而将优势保持在企业内部；区位优势是指投资目的地在生产环境和政策等方面表现出的比较优势，如基础设施建设情况、运输成本和市场活跃程度等。邓宁认为只有三方面的优势同时具备时，企业才会选择 OFDI。该理论回答了企业为什么要进行 OFDI，在哪里进行 OFDI，以及如何进行 OFDI 决策。一方面，该理论是基于发达经济体的跨国公司的投资行为研究得到的，对发展中国家企业的 OFDI 行为解释力不足。另一方面，该理论强调东道国的特定优势，对于跨国企业所属的母国的特定优势缺乏探讨。

（4）小规模技术理论。美国经济学家刘易斯·威尔斯（Louis J. Wells）在 1983 年提出小规模技术理论。该理论认为，相比发达国家，发展中国家反而具备三个方面的优势和有利条件：第一，发展中国家拥有小市场所需的小规模技术，虽然经济技术相对落后，无绝对比较优势，但具备相对比较优势，如低生产成本，服务于发展中国家市场比发达国家更有优势；第二，在海外生产民族产品，“民族纽带式”投资是发展中国家对外直接投资比较明显的特征，比如投资目的地的选择方面，倾向于选择地理位置临近且与本国制度距离小的东道国，以此来获得在海外的生产要素优势和成本优势；第三，产品营销策略，与发达国家相比，发展中国家不能通过采用品牌战略树立产品的形象，或者依靠良好的信誉和差异化的产品获得竞争优势，但可以通过低价营销策略（曹永峰，2010）。不难发现发展中国家企业的竞争优势是相对的比较优势，而不是绝对优势，相对于下游国家而言，它们拥有较为先进的生产技术。由于下游国家成本相对较低，因此，它们选择在下游国家（发展中国家）投资，旨在通过在东道国获得较低的劳动力成本来提高其价格竞争力。企业通过将具备规模经济特征的生产活动转移到资源丰富的下游国家来降低单位成本（Luo 和 Tung，2007）。该理论强调将企业拥有的技术与东道国的技术相结合的重要性，可以解释发展中国家的小规模对外直接投资行为。但对于发展中国家企业在国际化进程中的赶超行为，以及发展中国家对发达国家的战略资产获取型投资活动解释力不足。

（5）后来者视角。后来者视角的意义在于它将国际直接投资作为解决竞争劣势的一种方式。通过这种方式，对外直接投资可能允许那些在世界市场上没有竞争力的企业通过获得适当的资产和资源缩小与领先企业的差距（Child et al.，2005）。后来者观点并不是否认公司必须拥有竞争优势，尤其是所有权优势和内部化优势，才能在国际市场上取得成功的基础。比如在国际化的早期阶段，中国企业选择在美国和欧洲国家等高成本的东道国或地区进行的直接投资活动，通常有政府的赞助和金融机构的支持，使其能够通过购买相关的学习机会来获得相应的优势。Malcolm 等（2004）通过案例分析得出中国跨国公司在国际化的早期阶段，所采用的是一种“后期发展”模式。它们通过向“第一世界”联盟国家中的同行学习，“赶上”并压缩本来可能已经过去的“时间空间”，“跳跃前进”。“后发展”模式对于中国跨国公司的适用性具有一定的说服力。Child 等（2005）以海尔为例说明其追求高风险的政策，得益于其国内业务持续稳定的现金流。对于中国入世后的这一阶段的较大规模的对外直接投资，主要是因为国家政策方面的特有的支持，可以支撑规模较大的跨国企业在一定程度上进行相应的赶超。该理论强调了在企业国际化的过程中，母国政府优势与东道国优势的重要性。但对企业在对外直接投资的过程中如何将母国优势与东道国优势有效联结方面没有深入探讨。

（6）技术地方化理论。英国学者拉奥（Lall）在1983年提出技术地方化理论。拉奥认为，发展中国家的企业从发达国家引进先进技术后，并不仅仅是简单地模仿，而是先消化再吸收，在引进的基础上，进一步将其地方化，然后再对技术进行创新。而这类创新活动的开展，将给企业带来新的竞争优势。所以，该理论认为，发展中国家OFDI的优势有三个方面，一是能比较成功地进行技术知识的当地化；二是引进、消化、吸收和改造发达国家先进的技术后，能形成新的竞争优势；三是发展中国家能根据社会需求，研发适合本国发展阶段的生产模式，并表现出一定的竞争优势。归纳起来，发展中国家的这种竞争优势来自技术知识的特性、产品需求的特性和小规模生产技术的特性。该理论解释了发展中国家企业在对外直接投资的过程中竞争力形成的过程，却忽视了企业所处的国家特定环境的影响。

OFDI的微观理论从企业异质性的角度出发，多聚焦于企业自身的绝对优势和比较优势来探讨对外直接投资为什么会发生？怎么发生？以及在哪些类型的企业间发生。

2.2.2 OFDI的中观理论

（1）刘易斯劳动密集型产业转移理论。该理论由美国经济学家刘易斯（W. Arthur Lewis）于1978年在《国际经济秩序的演变》一书中提出。该理论以产业转移机制问题作为主要的研究对象，揭示了发达国家将部分劳动密集型产业转移到发展中国家的原因。刘易斯认为，传统部门可以提供近乎无限劳动力满足现代部门的需求，因此，在工业化早期阶段，现代部门工人的工资长期保持在较低水平。但随着劳动力密集型产业的快速发展与推进，传统部门释放出来的劳动力逐渐被吸纳，而同时由于第二次世界大战后人口自然增长率接近零的现实，劳动力普遍缺乏，劳动力的成本逐步上升。因此，发达国家在劳动密集型产业上没有了此前的比较优势，而选择将劳动密集型产业转移到发展中国家进行生产。在产业转移过程中，发达国家的产业结构得到了相应的调整与升级。该理论能解释为什么具备产业比较优势的企业在开展对外直接投资时结合东道国的区位优势能更好地进行国际化。但对于新兴工业化国家，如中国，在逐步形成国际竞争力的产业投资方面缺乏解释力。

（2）技术创新产业升级理论。英国学者坎特威尔（Cantwell）和托兰惕诺（Tolentino）于1990年提出了技术创新产业升级理论。该理论强调技术创新对一国的经济发展至关重要，是一国产业和企业发展的根本动力。发展中国家企业的技术创新活动和进步，对其OFDI有直接的影响。与发达国家相比，虽然发展中国家的科研实力还有较大差距，但是可以通过“学习经验”和“组织能力”进一步促进其技术的进步，从而形成自身的竞争优势。一方面，发展中国家的技术和产业水平的提升促进了其OFDI的发展，并对OFDI的产业布局和区域分布产生影响；另一方面，发展中国家企业在开展跨国经营的过程中，又进一步促进了其技术的积累和进步，从而促进其产业结构的优化。该理论认为发展中国家的跨国公司，先以周边发展中国家为投资目的地进行投资，而后向其他发展中国家扩展，再转向发达国家为目的地进行投资。该理论从发展中国家跨国企业的产业分布、投资目的地的分布以及产业结构的调整升级来解释对外直接投资行为，有一定的借鉴意义，但无法解释发展中国家跳过周边邻国向发达国家的高新技术行业所进行的逆向投资行为。

（3）边际产业扩张论。日本经济学家小岛清（Kiyoshi Kojima）1978年结合比较优势理论，提出了“边际产业扩张论”。他认为日本OFDI产业是日本国内即将丧失或者已经失去比较优势的产业，包括劳动密集型行业和自然资源开发的行业等，通过OFDI，能将一国已经失去比较优势的边际产业转移到其他国家，而被转移的国家和地区刚好在该产业上具有明显或者潜在比较优势。这样对于投资国和引资国双方都是有好处的。一方面，投资国的比较优势得到利用和发挥，另一方面，引资国的比较优势也能进一步被激发和利用。在这个过程中，对于双方来说，对外直接投资的投资效应均得到了提高。该理论从产业比较优势的角度解释了对外直接投资的原因，但对于发展中国家的逆向直接投资缺乏解释力。

OFDI的中观理论多从产业层面对对外直接投资的展开进行探讨和解释，或倾向于母国的产业优势，或倾向于东道国的产业优势进行相应的分析。

2.2.3 OFDI 的宏观理论

（1）投资发展周期论。邓宁（Dunning）于 1981 年至 1996 年间提出并完善了投资发展周期理论。该理论认为一国的经济发展水平与其 OFDI 的水平之间不仅有着紧密的联系，而且是呈正比例关系的，即经济发展水平越高的国家，其 OFDI 净额越高。该理论根据一国的经济发展水平，将一国对外直接投资和吸引外商直接投资划分为 5 个不同的发展阶段：第一阶段，由于经济发展水平处于劣势，该国既吸引不到外商直接投资，也没有实力到国外进行投资；第二阶段，经济发展水平有所提升，该国吸引的国外资本开始增加，并且伴有少量的资本流出；第三个阶段，本国的 OFDI 增速可能超过外资流入的速度，但总体上净投资为负；第四个阶段，本国的 OFDI 超过外资流入，净投资由负值变为正值；第五个阶段，由于人均收入达到较高水平，外资的流入会持续增加，资本的流入和流出相当，净投资减少到零。裴长洪和郑文（2011）认为该理论是从投资国本国宏观层面对一国对外直接投资情况进行解释的最有影响和代表性的理论。该理论基于一国所处的发展阶段对企业在什么时间进行对外直接投资进行了解释，但是对发展阶段类似，也就是对人均 GNP 水平相似的国家所拥有的不同对外直接投资净额的现象缺乏解释力。

（2）一体化国际投资发展理论。日本学者小泽辉智（Terutomo Ozawa）于 1992 年提出了一体化国际投资发展理论。该理论关注世界经济结构对 OFDI 的影响。小泽辉智认为，经济发展水平和经济结构升级是影响 OFDI 的两个重要方面。各国经济水平和经济结构的差异决定了各国 OFDI 的形式和速度上的差异，这不仅为发达国家向发展中国家进行知识和技术转移提供了有利的条件，而且为发展中国家追赶发达国家提供了可能性。他将发展中国家的 OFDI 划分为四个阶段，提出发展中国家在不同的阶段，需要根据自身的比较优势，在开展对外直接投资的过程中，促进本国经济结构的优化升级和产业竞争力的提升。该理论将一国的比较优势、经济发展水平结合起来看待一国对外直接投资的决定因素，而对于投资目的地国家的情况探讨相对欠缺。

（3）投资诱发要素组合理论。近年来西方学者结合对外直接投资的理论与实践提出的投资诱发要素组合理论，认为所有对外直接投资的开展都可以划分为两类，一类是由直接诱发要素产生的对外直接投资，另一类是由间接诱发要素产生的对外直接投资（张涵冰和周健，2005；陈本昌，2009；曹永峰，2010）。直接诱发要素指包括劳动力、资本、资源、技术、管理及信息知识等在内的各类生产要素。对外直接投资活动的展开表现为这些生产要素的跨区域流动与转移。如果投资国在某种直接诱发要素方面拥有优势地位，那么对外直接投资可以将这种优势转移出去；如果投资国不具备某种直接诱发要素方面的优势，而引资国具备，那么对外直接投资可以在引资国利用这种优势（崔日明和徐春祥，2014）。所以，直接诱发要素既涉及投资国也涉及引资国。间接诱发要素是指除上面所提到的生产要素之外的非生产要素，包括投资国政府鼓励性投资政策和法规、政治稳定性及双边投资协议与合作关系等方面的诱发因素和影响因素，引资国诱发因素和影响对外直接投资的因素（投资的内外部环境；双边投资协议与合作关系），以及世界性、国际性的诱发因素和影响对外直接投资的因素（区域经济一体化、集团化的发展；科技的进步与发展；国际金融市场的波动；不可抗力事件的冲击；国际协议与法规）。整体来看，直接诱发要素在发达国家（地区）的对外直接投资中起主要作用，间接诱发因素在发展中国家（地区）的对外直接投资中起主要作用（曹永峰，2010；高鹏飞 等，2019）。张述存（2017）认为，中国对外直接投资影响因素的基本理论应该是基于内、外部投资环境的投资诱发要素组合理论，因为这种理论将一系列的生产要素与投资目的地的环境、投资国的环境以及整体的国际宏观经济环境综合来看待对外直接投资活动的展开。

（4）国家特定优势。国家特定优势（country-specific advantage，CSA）最早是在 1981 年由鲁格曼（Rugman）提出，解释了跨国企业基于本国的国家特定优势和自身的企业特定优势进行对外直接投资。他认为一国的国家特定优势由自然资源禀赋、劳动力资源和相关的文化因素决定。这些方面的优势可以与跨国企业的特定优势一起融合成新的优势，既可以在对外直接投资的过程中克服东道国的外来者劣势，也可以凭借所形成的综合优势与东道国的国家特定优势进一步组建竞争优势。裴长洪和郑文（2011）认为母国的国家特定优势表现在为对外直接投资提供基础条件，同时为参与对外直接投资的跨国企业的特定优势储备重要的条件，这包括跨国企业所处的行业优势、区位优势、规模优势、组织优势等，为企业特定优势的打造与保持提供必不可少的支持。Zhang（2016）认为，对于跨国企业而言，企业的特定优势不仅取决于母国，而且取决于东道国。一方面，国家的特定优势可以内部化为企业的所有权优势。另一方面，可以帮助跨国企业在发达经济体中建立学习型子公司，将东道国的国家特定优势内在化并实现互补优势，然后实现全球资源整合，并将这种在东道国新建立的非地理优势转移到企业所在的母国公司，最终形成跨国企业中的企业特定优势。该理论强调了国家在对外直接投资活动中的重要性，国家特定优势是跨国企业形成竞争力的基础性条件。

OFDI 的宏观理论，从国家的角度探讨了对外直接投资所应具备的条件和优势，以及如何从国家层面做出相应的对外直接投资决策。

2.2.4 理论基础总结

从各类理论的主要内容来看，无论是 OFDI 的微观理论、中观理论还是 OFDI 的宏观理论，均从不同的维度对国际直接投资的决定因素、影响因素和影响效应等进行了若干解释。对于这些理论的梳理，有助于我们认识和了解对外直接投资的动因和可能会产生的影响效应，具体见表 2–1。

表 2–1 对外直接投资的理论基础汇总

项 目	理 论	适用范围	局 限
微观理论	垄断优势理论	解释了企业开展对外直接投资的原因	对发达国家之间的相互投资行为和具有比较劣势的发展中国家的对外直接投资行为解释力不足
	市场内部化理论	回答了为什么是这一类型的企业能开展对外直接投资的问题	无法对对外直接投资的目的地选择问题和短期投资行为做出解释
	国际生产折衷理论	回答了企业为什么要开展对外直接投资、企业为什么能开展对外直接投资以及企业在哪些目的地进行对外直接投资的问题	无法解释不具备所有权优势、内部化优势和区位优势这三种优势的企业的对外直接投资行为

续表

项目	理论	适用范围	局限
微观理论	小规模技术理论	强调将企业拥有的技术与东道国的技术相结合的重要性	对于发展中国家企业在国际化进程中的赶超行为，以及发展中国家对发达国家的战略资产获取型投资活动缺乏解释力
	后来者视角	强调企业对外直接投资的学习效应	缺乏对在对外直接投资过程中如何将母国优势与东道国优势有效联结方面的深入探讨
	技术地方化理论	认为企业技术创新是企业对外直接投资的决定因素	忽视了企业所处的国家特定环境的影响
中观理论	劳动密集型产业转移理论	从产业结构调整和升级的角度解释了发达国家的对外直接投资行为	对新兴工业化国家在逐步形成国际竞争力的产业投资方面缺乏解释力
	技术创新产业升级理论	基于产业结构升级解释了发展中国家的对外直接投资行为	无法解释发展中国家跳过周边邻国向发达国家的高新技术行业所进行的逆向投资行为
	边际产业扩张论	从产业比较优势的角度解释了对外直接投资的原因	对于发展中国家的逆向直接投资缺乏解释力
宏观理论	投资发展周期理论	强调一国根据该国经济发展水平情况决定对外直接投资阶段	对人均 GNP 水平相似的国家所拥有的不同对外直接投资净额的现象缺乏解释力
	一体化国际投资发展理论	将一国的比较优势、经济发展水平结合起来看待一国对外直接投资的决定因素	对投资目的地国家情况的探讨相对欠缺
	投资诱发要素组合理论	强调发达国家和发展中国家选取的对外直接投资组合的差异	不能解释一国在相同的时期所采取的不同投资组合
	国家特定优势	强调国家在对外直接投资活动中的作用	国家特定优势在解释对外直接投资的影响效应方面可以有更多拓展

市场内部化理论从微观层面强调母国企业通过市场内部化，降低企业交易成本，增加企业内部化优势，从而增强 OFDI 对母国的经济效应。边际产业扩张理论从中观层面强调对外直接投资应服从母国经济发展的总目标，将企业的微观对外直接投资活动与国家的宏观利益结合起来，从而更好地发挥 OFDI 对母国的整体影响效应。技术创新产业升级理论为发展中国家开展 OFDI 活动提供了理论支持，强调在 OFDI 的过程中，更好地发挥学习效应，获取更多的技术溢出效应。一体化国际投资发展理论从宏观层面强调基于本国比较优势和经济发展水平所确定的对外直接投资阶段和模式，能在有效促进本国经济结构优化和打造产业竞争力等方面发挥积极的促进作用。整体来看，这些理论对中国所处的不同阶段的对外直接投资行为有不同的解释力，既有合理的方面，也存在某些方面的局限。如 OFDI 的微观理论中，后来者视角对在国际化过程中缺乏企业特定优势（所有权优势和内部化优势）的中国企业如何借助于东道国的特定优势参与对外直接投资活动方面提供了较好的解释。而小规模技术理论和技术地方化理论，对没有绝对比较优势的中国企业选择对外直接投资的目的地和对外直接投资模式提供了理论依据。OFDI 的中观理论中的劳动密集型产业转移理论对中国在人口红利逐渐减弱的过程中所采取的对外投资策略有一定的解释力，但不能解决产业转移之后如何进一步国际化的问题。OFDI 的宏观理论中，投资发展周期理论能很好解释处于不同的发展阶段所采取的不同国际化的策略，但不能解释处于相同发展阶段的国家所采取的不同对外直接投资策略。

总体而言，这些理论或从企业自身的特定优势出发探讨对外直接投资所能实现的效果，或从东道国的国家特定优势的角度探讨企业在对外直接投资的过程中如何更好地选择投资目的地和如何更好地利用其资源、技术、市场等发挥更好的作用，又或从母国自身的发展水平的方面探讨对外直接投资的战略选择及其积极影响。少数理论结合企业的特定优势和东道国的特定优势对对外直接投资的影响效应进行了解释，也有部分理论融合母国特定优势和企业的特定优势对对外直接投资的影响效应进行了梳理。裴长洪和郑文（2011）指出，国家在对外直接投资活动中所能发挥的作用已经明显增强，并成为当代国际投资的基本特点。对于缺乏垄断优势的跨国企业而言，一国从国家战略高度和国家利益出发对企业的对外直接投资活动进行相应的支持、引导、扶持和鼓励，能对企业对外直接投资活动的成效产生积极的影响。整体而言，一国对外直接投资影响效应的发挥，需要从企业自身的特定优势出发，在母国特定优势和东道国特定优势的融合下，去更好地获取投资回报和投资收益。因此，对于一国对外直接投资的影响效应的探讨，既需要结合企业自身的特定优势，更需要结合国家特定优势，即对母国和东道国的特定优势进行综合分析。

关于国家特定优势的研究中，对于国家特定优势从理论层面探讨的较多（Rugman et al.，2007；曹永峰，2010；裴长洪和樊瑛，2010；裴长洪和郑文，2011；Buckley et al.，2012；Sun et al.，2012；李京晓，2013；宋泽楠和尹忠明，2013；柴忠东，2013；柴忠东和刘厚俊，2014；Zhang，2016），从实证的角度对该理论进行验证的研究相对较少。李京晓（2013）运用实证分析了中国 OFDI 给母国带来的经济效应。方慧和赵胜立（2019）实证分析了“一带一路”对对外直接投资的引导作用，实证分析得出我国的国家特定优势在推进对外直接投资方面发挥了积极作用。Hawawini（2004）认为，随着市场的全球一体化，母国的国家特定优势影响一直在稳步下降，母国的国家特定优势的影响在驱动价值方面，相较于企业的特定优势而言，显得相对不那么重要。但这并不一定意味着国家特定优势不会影响企业的对外直接投资成效。Zhang（2016）进一步提出，随着经济全球化和国际市场一体化程度的提高，企业作为对外直接投资的主体，无论是面对东道国还是身处的母国，国家的作用都不容忽视。尽管现有关于国家特定优势的研究还不够成熟，但其重要性日益突出，尤其是母国的国家特定优势。如何利用母国的国家特定优势，将该优势内化为企业的内部优势，从而使企业在国际竞争中处于优势地位，应是今后研究的重点。根据宋泽楠和尹忠明（2013）的观点，国家特定优势是一种国家相对优势，表现为各类资源在各个不同的国家间的不均匀分配或不同步发展。因而不同国家间因存在差异而产生了不同的国家特定优势，也就是国家特定优势在不同的国家有不同的表现。同时，一国的相对优势不是静态不变的，而是动态调整的。所以，国家特定优势具有明显的时空特性。

随着中国经济向高质量发展方向逐步转变，国家特定优势也会做出相应的调整和变化，那么在新的时代背景下，国家特定优势又将如何影响企业的对外直接投资活动以及在何种程度上影响企业的对外直接投资成效？本研究将以“一带一路”倡议的提出和实施为契机，从国家特定优势的角度探讨“一带一路”背景下中国对外直接投资的创新效应。

2.3 文献综述

2.3.1 OFDI 的研究回顾

已有关于 OFDI 的研究，关于对外直接投资的原因、机制和效应的解释是研究对外直接投资需要关注的核心问题（王英和刘思峰，2007）。本书主要从对外直接投资的影响因素、对外直接投资的影响效应和对外直接投资的动机三个方面进行梳理。

（1）OFDI 的影响因素

影响对外直接投资的因素主要有以下四个方面：

首先是东道国的因素，包括东道国的市场规模（Dunning，1981；Buckley et al.，2007；谢孟军，2016）、自然资源禀赋（Kolk and Pinkse，2005；程衍生，2019）、技术禀赋（宋维佳和许宏伟，2012）、基础设施（Wheeler and Mody，1992；姜巍和陈万灵，2016）、经济制度和法律制度（陈丽丽和林花，2011）、政府清廉度（谢孟军，2016）、政府效率（蒋冠宏和蒋殿春，2012）、国家风险（王海军 等，2011）、投资风险（杨宏恩 等，2016a；高鹏飞 等，2019）、研发基础（Williams，2018）等。通常情况下，东道国的经济发展水平高，意味着东道国有较大的经济规模和市场规模，而市场规模越大意味着当地的市场需求越大，相应的市场潜力也越大。当地的市场成长越快，市场机遇和未来的市场需求越大（孟醒和董有德，2015）。东道国市场规模越大，吸引的 FDI 流量越多（Dunning，1993），Kolstad 和 Wiig（2012）通过实证研究得出：中国把 OECD（一般指经济合作与发展组织）国家作为 OFDI 目的地主要是基于其庞大的市场规模。在国际化的早期，中国 OFDI 企业，会直接选择地理位置不邻近和心理距离较远的国家和地区作为对外直接投资的目的地（Buckley et al.，2008）。一般发展中国家的企业，在进入距离较远和分散的投资目的地之前，会首先选择文化相似的国家进行 OFDI。但是中国的对外直接投资企业倾向于文化距离较远的国家（Chan and Cui et al.，2016），通常这类投资的投资规模和企业规模相对较大，因为距离较远的大型发达国家市场的吸引力可能会抵消任何心理距离的问题。如果在东道国有较好的基础设施，且制度环境友好，也会吸引更多的外来投资。总的来看，企业会偏向选择经济规模较大、经济发展水平较高、基础设施优良、制度环境优越、投资风险较小的东道国作为投资目的地。

其次是企业自身的特定因素，包括企业的规模实力（Chan and Cui et al.，2016）、研发投入（刘晓宁，2018）、国际竞争力（葛顺奇和罗伟，2013）、创新能力（李新春和肖宵，2017）、政治关联（宿晓和王豪峻，2016；李新春和肖宵，2017）等。此外，企业的自身行业特性也会影响其对外直接投资活动，如 Duanmu（2012）通过分析企业特征，认为企业所属行业以及所在行业的位置均会影响企业对外直接投资目的地的选择，比如制造业方面的投资，企业更多考虑目的地的劳动力成本和市场规模，所以倾向于选择劳动力廉价且市场规模较大的国家或地区。Hymer（1960）认为，发达国家在开展对外直接投资活动时会选择能让本国在最大程度上发挥其竞争优势的目标国。与西方国家跨国公司相比，中国企业在开展对外直接投资时，并不是选择开发已有的竞争优势，而是去弥补现有的竞争劣势（Child and Rodrigues，2005；Cui and Jiang，2010；Berning et al.，2012）。比如知识密集型行业的企业更有可能从成立之初就具有国际化导向，并迅速选择合适的投资目的地实现国际化（Bell et al.，2004；Lu et al.，2010）。对于研发能力要求较高的企业，为保持其在行业中领先的位置并赶上快速发展的技术，更愿意以发达经济体为投资目的地从事寻求战略资产的对外直接投资活动（Lu et al.，2010），向发达经济体的同行学习，以保持其行业竞争力。

再次是母国的因素，包括经济发展水平（Wei et al.，2012；谢孟军，2016）、制度环境（Luo and Tung，2007；Yiu et al.，2007；Meyer et al.，2009；Kang and Jiang，2012；Carmen，2013；许真 等，2016）、政府力量和角色（Lee，2017）、特定组织（裴长洪和郑文，2011）、文化输出（谢孟军，2017）等。企业所在国的经济发展水平、制度环境和国际地位是企业开展对外直接投资的基石（Zhang，2016）。Wei 等（2012）指出，中国的宏观经济状况以及中国政府的力量对中国对外直接投资活动仍将发挥重要作用。除了经济状况的影响之外，企业还将依据母国的制度质量，选择合适的投资目的地。Yiu 等（2007）提出新型经济体企业在决定对外直接投资时，必须根据其所在国的制度特征评估特定的所有权优势并制定战略行动。Luo 和 Tung（2007）也进一步表明，企业对外直接投资是为了减少在母国国内的制度约束和市场限制。Kang 和 Jiang（2012）通过实证分析得出母国的机构力量对企业的对外直接投资的区位选择产生了重要的影响。Child 等（2005）认为中国政府机构往往控制和限制对外直接投资，而近年来，它们已经充当了企业国际化的发起人和资金提供者的角色，鼓励和支持关键企业基于其自身的合理需求，依循法规政策进行全球化。中国对外直接投资由政府政策引导（Buckley et al., 2007；Buckley，2018），这种制度上的推动包括政府的直接引导和在现有对外投资主体与潜在投资主体之间的知识分享（Buckley，2018），一方面潜在投资者会受政府的直接影响，另一方面，由于示范效应，潜在投资者会模仿企业的投资行为（Buckley，2018）。同时，企业所在国的特定国家优势会成为企业开展对外直接投资的重要影响因素。母国是企业对外直接投资的基石，它为国民收入和服务发展提供了基本条件。裴长洪和郑文（2011）认为，母国的国家特定优势是企业开展对外直接投资的重要基础条件，包括母国所创造的贸易优势、市场规模优势、地理区位优势、行业组织优势、特定形象优势、传统文化优势以及国际地位和国际影响力方面的优势等，这些对国内企业参与对外直接投资具有重要意义。

最后是东道国与母国之间的关联因素，包括贸易联系（宋维佳和许宏伟，2012；王胜和田涛，2013；程衍生，2019）、双边投资协定（杨宏恩 等，2016；王培志 等，2018）、两国之间的政治关系和双边高层会晤（郭烨和许陈生，2016）、制度相似度和制度距离（Yi et al.，2018）、文化相似度（许和连和李丽华，2011）、文化距离（Liu et al.，2016）、技术差距（Hong et al.，2019）等。整体来看，母国和东道国双边经贸关系、政治关系、外交关系的融洽度有利于企业的对外直接投资活动在东道国的开展。江心英（2004）从跨国公司的投资目标与东道国的引资目标相符合的角度探讨中国对外直接投资的影响因素。如果母国企业与东道国的企业有密切的贸易关系，贸易企业的良好声誉可能会蔓延到投资企业，从而促进对外直接投资活动的有效进行（Kang 和 Jiang，2012）。在地理距离、制度距离、技术距离和文化距离等方面，理论上，对外直接投资的过程中母国与东道国在这几个方面的差距越小对 OFDI 活动顺利开展的阻力越小。事实上，对外直接投资活动的开展，需要依据特定国家的情况来决定。比如，发达国家在国际化初期更多地选择与自身发展层次和发展水平相似的投资目的地，而随着对外直接投资规模的扩大，对外直接投资的策略也会发生相应的调整。在国际化早期阶段，中国对外直接投资的企业，会直接选择地理位置不邻近和心理距离较远的国家和地区作为对外直接投资的目的地（Buckley et al.，2008），但随着"一带一路"倡议的实施，中国对外直接投资目的地的选择又发生了动态调整。

总的来看，对外直接投资的影响因素是多方面、多层次的，涉及对外直接投资的微观企业主体，企业所在的区域、行业，企业所属的国家以及东道国等方面因素的影响和制约，可以看出，企业对外直接投资的顺利开展和有效推进是充分发挥企业特定优势、母国国家特定优势和东道国国家特定优势的综合结果。

（2）OFDI 的影响效应

对外直接投资的影响效应可以分为以下两个部分：

首先是对母国的影响效应，包括三个方面：企业层面、行业或区域层面和国家层面。

其一是对外直接投资对企业自身的影响，包括对企业生产率（Wu et al.，2017; 宋林 等，2019; 周燕和吕铁凡，2019）、企业创新效率（李思慧和于津平，2016）、企业的创新能力（汪洋 等，2014；董有德和孟醒，2014）、企业的技术创新（阚大学，2014；杜江 等，2015；赵宸宇和李雪松，2017）、企业出口技术复杂度（叶娇 等，2017）、企业高阶能力提升（杨先明和王希元，2019）、技术溢出效应（Kogut 和 Chang，1991; 欧阳艳艳，2010; 李梅和柳士昌，2012；李平和苏文喆，2014；尹东东和张建清，2016；姚战琪，2017；陈柏福和刘舜佳，2019）、技术创新效应（Branstetter，2006；陈菲琼 等，2013）等方面的影响。在对企业的影响效应方面，在已有的研究中，大多数学者认为，对外直接投资的开展对企业的生产效率、创新能力和出口能力有积极的促进作用，由于企业的异质性，不同规模、不同性质和所处不同行业的企业对外直接投资，其投资效应会存在相应的差异。如凌丹等（2017）从规模效应、结构效应、技术效应三个方面对中国对外直接投资在比较优势动态升级方面的影响进行了分析和阐述，得出企业开展 OFDI 可以促进比较优势的动态升级。刘震（2017）采用倾向得分匹配方法对 2014—2016 年的微观企业数据进行了实证分析，得出自“一带一路”倡议实施以来，中国在“一带一路”沿线国家顺梯度 OFDI 的经济效应呈现利好趋势，即负面效应逐渐降低。

其二是对开展对外直接投资的企业所在的行业或区域的影响，包括区域技术创新效应（王欣和姚洪兴，2016）、区域创新效率提升（胡琰欣 等，2018）等。关于对外直接投资在行业层面和区域层面影响效应的探讨，大多数研究中得出的结论一致，即对外直接投资对企业所在的行业和区域创新效应有显著的提升作用，只是这种提升效应在不同的行业和不同的区域存在异质性。如沙文兵（2012）、李娟等（2017）通过实证分析得出，中国对外直接投资的逆向技术溢出效应具有明显的空间异质性，其中，东部地区的积极影响效应最为显著，中部地区的积极影响效应次之，西部地区的积极影响效应整体不存在。而其中的影响因素包括区域的创新能力、吸收能力、科研水平、市场自由化等方面。如杜龙政等（2018）认为中国对外直接投资的逆向技术溢出效应存在“门槛效应”，这种“门槛效应”是由省域创新能力所处的不同阶段决定的。李梅和金照林（2011）通过实证分析得出对外投资在技术进步和技术效率等方面的积极影响效应还不显著，而探究其中的原因，主要表现为国内技术吸收能力不足，要充分消化吸收国外先进技术还存在较大的难度。而 Driffield 和 Love（2003）认为发达经济体在 OFDI 过程中的主要目的是促进国内产业的发展，针对欧洲国家制造业方面的数据，通过实证分析发现在研发密集型行业，技术上的反向溢出更为显著。

其三是对外直接投资对母国整体的影响，包括经济增长（Kim，2000）、产业升级效应（江小涓和杜玲，2002；周升起，2011；李逢春，2012；任雪梅和陈汉林，2019；陈元清，2019）、就业效应（贾妮莎 等，2019）、工资水平提升（戚建梅和王明益，2017）、全球价值链提升效应（杨连星和罗玉辉，2017）、贸易创造效应（Liu et al.，2016；边婧和张曙霄，2019）和贸易转移效应（Liu et al.，2016）、绿色创新效应（李国祥 等，2016；Feng et al.，2018）、绿色技术创新效率（龚新蜀 等，2017）、绿色生产率（胡琰欣 等，2016）、环境效应（阚大学和吕连菊，2019；张文彬和邓玲，2019）等方面。在探讨中国对外直接投资对一国整体影响效应方面，张幼文等（2018）认为发展 OFDI 不仅在广度和深度上拓展了中国融入世界经济的程度，而且发展了中国经济的内涵。在已有的研究中，又针对母公司所在的区域和投资目的地的差异，通过实证研究得出不同的结论。汪洋等（2014）通过实证分析中国在过去 17 年中以发达国家为投资目的地的相关数据，得出中国企业以发达国家为投资目的地的投资活动能显著提升其自主创新能力。李平和苏文喆（2014）实证分析中国 2003—2011 年 OFDI 的省级面板数据得出，只有以发达国家为投资目的地的 OFDI 能对母国带来显著的逆向技术溢出。姚战琪（2017）通过对 2003—2014 年省级面板数据进行实证分析得出，中国在以“一带一路”沿线国家为投资目的地的 OFDI 也能获得逆向技术溢出。周燕和吕轶凡（2019）进一步分析认为以发达国家作为投资目的地的并购活动对企业生产率提升效果更为显著，不仅体现在提升的期限上，而且反映在提升的幅度上。另有将不同行业对外直接投资带来的影响效应进行实证分析得出不同的结论，如吴晓波和曾瑞设（2013）通过实证分析得出，中国在高新技术行业的 OFDI 能显著提升母国的自主研发能力和水平。杨连星和罗玉辉（2017）通过实证研究得出对外直接投资的逆向技术溢出效应，不仅能显著提升中国在全球价值链中的地位，还能提升其嵌入程度。

在对不同行业的对外直接投资的逆向技术溢出进行分析后，进一步发现，对于技术密集型行业，这种促进效应并不显著，特别是在高新技术密集型行业。同时，企业对外直接投资能否带来预期的投资效应和影响效应，还取决于一国所处的全球价值链中的地位且受到该地位的约束。杨锐和刘志彪（2015）指出，发展中国家如能通过国家特定优势对创新系统进行制度变革，调整一国所处的全球价值链中的位置，突破现有的结构约束，将对提高企业的创新能力和水平有积极的促进作用。此外，东道国的异质性，如不同的东道国在创新能力方面的差异，决定了对外直接投资的企业与其不同的技术互动方式，因而也决定了企业在获取逆向技术溢出方面的差异（揭水晶 等，2013）。对于不同发展层次的国家来说，对外直接投资的影响效应也存在差异性。对发展中国家来说，通过对外直接投资，可以绕过非关税壁垒，保护出口市场；突破配额限制，扩大市场份额；减少流通环节，降低生产成本，以低成本的产品参与国际竞争；或为获取全球化的资源和战略性资产，参与全球价值链分工。对发达国家来说，通过对外直接投资，不仅可以开拓国内外市场，带动国内出口（项本武，2005），更能在发挥本国比较优势的基础上利用全球生产要素，对本国产业结构进行调整、优化和升级，以占据全球价值链的中高端位置。

总的来看，一国对外直接投资对母国的影响效应，表现在微观的企业个体层面，也表现在区域或行业层面，最终体现在国家整体层面。从对外直接投资的影响上看，一国的贸易往来、技术水平提升和产业升级都不可避免地受到相应的影响，这种影响具有两面性。作为对外直接投资的主体，企业参与对外直接投资的根本目标是自身利益的最大化，但在企业追求自身利益最大化的过程中，可能会与国家的宏观投资目标的实现发生冲突，甚至存在矛盾。这就需要国家从战略的高度，对企业的对外直接投资行为进行一定的引导。

其次是对东道国的影响效应。

对外直接投资对东道国的影响效应主要包括经济增长效应（Whalley et al.，2012；汪文卿，2014）、贸易效应（胡丁文，2010；Franco，2013；郑磊和刘亚娟，2014；王长义和陈利霞，2014；黄宁，2015）、国内投资效应（Dunning 和 Lundan，2008）、就业和收入效应（秦磊，2011；Dunning 和 Lundan，2008）、全球价值链提升效应（Buelens et al.，2017；姚战琪和夏杰长，2018）、环境效应（Mukhopadhyay，2006；Acharyya，2009；Pao 和 Tsai，2011；Zhang，2011；Kari 和 Sadam，2012；Hassaballa，2013；Al-mulali et al.，2013；刘乃全和戴晋，2017）等。对发展中国家而言，吸引外商直接投资可以带来产业结构和经济结构的调整，缓解就业压力和资金不足的问题，加快对外贸易的不断发展，在促进国内经济发展方面发挥重要的作用。同样，对发达国家而言，作为资本和先进技术的主要拥有者，吸引外商直接投资，可以使全球资本更快流动，将竞争力引向其优势领域，吸引全球优秀人才，整合优势资源，从而获取更大的收益（刘雅珍 等，2019）。

已有的研究中大部分研究结论表明，对外直接投资活动的进行，东道国作为引资国，都能获得积极的影响效应。但是这种影响效应不会自动获取，会受到相关因素的影响，即有部分学者认为外商直接投资对东道国所产生的影响效应是有条件的。Blomstrom 等（1994）认为对外直接投资只对人均收入相对较高的国家产生积极的经济效应。Balasubramanyam 等（1996）认为一国的贸易开放度是影响外商直接投资产生积极的经济效应的关键因素。Borensztein 等（1998）认为只有在一国的劳动力受教育水平较高时才会促进外商直接投资的积极经济效应的发挥。Alfaro 等（2004）认为发达的金融市场是发挥外商直接投资经济效应的重要条件。外商直接投资对经济增长的影响可能取决于东道国的经济和技术条件。特别是在能够捕捉与外商直接投资有关的潜在利益之前，发展中国家似乎必须在教育和基础设施方面达到一定的发展水平（Hansen et al.，2006）。此外，还有学者认为，OFDI 的进入方式也会影响投资效应的发挥。Agosin 和 Machado（2005）认为以兼并或购买的方式进入的 FDI 对经济的影响并不显著。而 Balsvik 和 Haller（2011）指出了入境方式的重要性，并指出外商直接投资对同一行业内的本地企业产生了负面影响。周超等（2019）收集了包含东盟国家在内的“一带一路”沿线国家的样本数据，实证分析了东道国的营商环境与 FDI 的影响关系。研究发现，FDI 对于“一带一路”沿线国家的营商环境起到了改善作用，这种积极作用主要是在跨国公司与沿线国家的作用力与反作用力的影响下发生的。

此外，对外直接投资也会对东道国产生负面的或者不显著的经济效应。外商直接投资可能通过利润转移的大量逆向流动，通过转让定价汇出资源，以及让东道国做出实质性让步，从而对东道国经济产生不利影响（Shahbaz et al.，2013）。Abdur 等（2006）通过大量关于外商直接投资在东道国中的作用的实证研究表明，FDI 通常与新的就业机会和技术转让紧密相关，对东道国的整体经济增长有促进作用；但另一方面，一些公司层面的研究并未支持外商直接投资促进经济增长的观点。Herzer 等（2008）使用协整技术重新考察了 28 个发展中国家的外商直接投资主导的增长假设。研究结果表明，在绝大多数国家，外商直接投资对增长既没有长期影响，也没有短期影响。事实上，没有一个国家能够因外商直接投资实现 GDP 积极的单向长期增长。研究结果还表明，外商直接投资的增长影响与发展中国家的人均收入水平、教育水平、开放程度和金融市场发展水平之间没有明确的关联。Herzer 等（2013）利用面板协整技术和不平衡面板回归分析了引进外资和对外直接投资对欧洲收入不平等的影响，实证结果发现，将引进外资和对外直接投资综合起来看，对收入不平等产生负面的长期影响。Parviz（2016）鉴于伊朗的经济状况和加速经济增长的必要性，实证分析了导致伊朗人均 GDP 增长的经济变量，结果表明：伊朗的外商直接投资增长与人均 GDP 增长、价值增值增长之间没有任何因果关系。Golitsis 等（2018）通过矢量误差修正模型分析了汇款和外国直接投资对阿尔巴尼亚经济增长的影响，实证结果表明外商直接投资、经济增长和资本形成之间的关系不明显。

一方面，一部分学者认为，如果有适当的政策指引和良好的经济发展基础，外商直接投资可以在促进经济发展等方面发挥关键作用。另一方面，对外直接投资也确实存在一系列不可避免的负面影响，比如恶性竞争、国际收支的恶化等。但已有的研究中大多数学者认为外商直接投资与经济增长之间存在正相关关系，其前提条件是东道国在教育、技术和基础设施发展等方面达到一定水平。但是，对于外国直接投资流入与经济增长之间的积极联系尚未达成普遍共识（Hansen et al.，2006）。总的来看，对外直接投资不仅仅带动了东道国的经济增长，对于其制度质量也产生了不容忽视的影响。OFDI 对东道国不仅在促进经济发展方面有影响，而且对其政府治理、制度质量和生态环境等方面也产生了综合的影响效应。

（3）OFDI 的动机

对外直接投资的动机是对外直接投资目的地选择和对外直接投资效应能否发挥的重要因素。Deng（2004）在一项基于东道国特征的非实证研究中，将中国企业走向海外的投资动机分为五种：寻求东道国的自然资源、技术、市场和战略资产，以及投资多元化。Buckley 等（2007）、Dunning 和 Lundan（2008）也给出了相近的分类，认为 OFDI 的动机包括自然资源寻求型、市场寻求型、效率寻求型和战略资产寻求型等。企业对外直接投资的动机不仅受自身特定条件的影响和制约，也与母国特定的优势以及东道国的特定优势密切相关。总体来看，对外直接投资的动机分为以下几种：

首先是市场寻求型动机。在中国国际化的初期阶段，寻求市场动机是企业的主要投资动机（Buckley，2018），特别是对于投资规模较大的企业。许多中国跨国公司在海外投资寻求东道国，一方面是因为国内市场饱和，一些传统行业在中国已经不再有利可图。与此同时，贸易和投资制度日益自由化加剧了国内市场的竞争。另一方面，通过 OFDI 可以绕过贸易壁垒来增加本国产品在国外的出口量。日益激烈的竞争压力以及其他国家越来越多的保护主义迫使许多中国公司在国外建立工厂（Cai，1999）。按 Buckley 和 Lundan（2007）对投资动机的划分，在国际化的早期阶段，规模较大的企业的市场寻求动机，包括防御型和进攻型两种。

其次是资源获取型动机。韦军亮等（2009）认为寻求自然资源是国有企业，特别是资源类企业参与海外投资的主要原因。20世纪90年代，中国自然资源部门的对外直接投资占对外投资总额的比重超过20%，虽然参与的企业较少，但是规模较大。为满足中国经济的快速发展的需要，在中国企业国际化发展的初期阶段，对外直接投资主要是为了获得相对稳定的资源供应，比如在渔业、林业、采矿业、石油、天然气等自然资源方面的供应等。随着经济的快速发展，中国已经由资源出口国向净资源进口国转变，中国的资源部门对外直接投资在弥补中国原材料短缺方面的作用越来越大（Cai，1999）。比如在林业方面，中国跨国公司积极在北美、拉美、非洲和南太平洋等地区投资（Cai，1999）。对于国企而言，在对外直接投资的过程中有其政治目标，为获取国内稀缺的自然资源而以自然资源丰富的国家作为投资目的地（Duanmu，2012）。Ding 等（2009）认为发展中国家的跨国企业进行资产寻求型的 OFDI，要么是为了获取自然资源，要么是为了获取无形资产。中国企业在国际化的过程中进行对外直接投资的重要动机是获取自然资源和重要战略资源。

再次是战略资产获取型动机。Rugman 等（2007）认为跨国企业在发展以知识为基础的能力方面所取得的成功，通常被称为企业特定优势。中国的大型跨国企业这方面的特定优势较小，反而在融合本国的国家特定优势方面表现突出，比如在相对便宜的劳动力和自然资源等方面的优势。因此，中国的跨国公司会成为知识的寻求者。Cai（1999）认为一些中国跨国企业将对外直接投资用作获取国外技术和管理技能的有效渠道。比如在航空、航天和电子等技术密集型行业的一些大型企业集团已经建立了外国子公司。此外，规模较大的企业还会在国际金融市场上筹集资金用于对外直接投资项目。Buckley 等（2007）认为，中国 OFDI 企业获取战略资产的动机主要偏向于获取信息、技术和金融资产等。

最后是效率寻求型动机。在国际化的初期，中国跨国公司与大多数亚洲国家实体的跨国公司相比，在效率寻求型投资方面几乎没有动力，因为中国本身拥有充足的低成本——生产性劳动力和廉价土地（Cai，1999）。或者说在成本最小化方面寻求效率并不是中国规模较大企业海外投资的主要动机，在这方面它们与大多数发达国家的跨国公司不同（Deng，2004；Child 和

Rodrigues，2005）。但随着中国人口红利的逐渐下降和劳动力成本的上升，效率寻求型 OFDI 在不断增多。

整体来看，不同的发展阶段，企业基于自身的优势和母国、东道国的国家特定优势有不同的投资动机。在国际化的早期阶段，中国企业进行跨国并购的主要动机是进行市场开发，获得一定比例的市场份额，快速打开新市场。同时，在这个过程中，获得国外先进技术和其他资源。张为付和武齐（2007）将中国对外直接投资的动机划分为四类，分别满足本国的出口贸易需求、成本节约需求、克服外来者劣势的需求和分散风险的需求。高鹏飞等（2019）依据不同时期的数据，归纳出中国对外直接投资的不同动机，指出现阶段中国对外直接投资的动机囊括了全部投资动机，即包含但不局限于市场寻求型动机、资源获取型动机、效率寻求型动机和战略资产获取型动机。

2.3.2 “一带一路”背景下 OFDI 的研究回顾

关于中国与“一带一路”沿线国家经贸合作的相关研究已经成为学术界关注的热点，如何通过“一带一路”倡议的落实，加速推进中国与沿线国家的经贸合作，促进双边经贸往来活动的深化，成为当前亟待解决的重大理论与实践问题。“一带一路”倡议实施过程中，经贸合作是其中的核心环节和重要手段。加强对中国与“一带一路”沿线国家的经贸关系研究，对于推动中国与沿线国家的贸易合作、促进沿线国家经济繁荣与区域合作、加强贸易畅通具有重要的科学和现实意义（公丕萍和宋周莺，2015；刘雅珍 等，2018）。对外直接投资作为促进“一带一路”倡议实施的关键环节和重要内容，在加强国际区域经济合作方面发挥着重要的作用。而跨境直接投资已成为中国与“一带一路”沿线国家经济合作的重要方式（范硕和何彬，2017）。加大对“一带一路”沿线国家的投资成为中国推进“一带一路”倡议实施的关键环节（钟飞腾 等，2015）。中国的对外直接投资在促进“一带一路”沿线国家融入区域经济合作发展和全球价值链分工体系等方面奠定了基础，也在很大程度上满足了东道国经济发展的需求（潘春阳 等，2017）。

“一带一路”背景下的中国对外直接投资因此具有如下几个方面的特征：

其一，构建“双环流全球价值链”。白光裕和庄芮（2015）认为 OFDI 在推动全球价值链升级的过程中发挥着重要的作用。企业不仅可以通过跨境投资，在更广的范围内整合和配置优质资源，而且可以实现生产活动的跨地域重构，从而对全球价值链的结构产生相应的影响。李敦瑞（2018）认为有效利用产业转移，这对于中国通过 OFDI 转移过剩产能，促进全球价值链地位的提升是非常重要的。秦升（2017）认为“一带一路”倡议为全球价值链的升级和调整提供了一个重要的机遇和平台，这种平台力量和理念力量是全球价值链重构的重要保障。韩晶和孙雅雯（2018）剖析了构建由中国主导的“双环流全球价值链”的必要性、困难和措施，提出要在“一带一路”产业融合的基础上加大对外投资力度。

其二，引进“第三方市场合作”，“一带一路”背景下中国 OFDI 的影响效应将逐步扩大。随着“一带一路”合作投资项目的不断推进，“一带一路”背景下的中国 OFDI 将给“一带一路”沿线国家带来基础设施建设方面巨大的经济利益和机会。“第三方市场合作”作为区别于传统的新建和兼并购买的对外直接投资方式，有其独特的优势和特征。“第三方市场合作”的概念首次在 2015 年 6 月中国政府同法国政府正式发表的《中法关于第三方市场合作的联合声明》中被提出。作为中国首创的国际合作新模式，“第三方市场合作”不仅能将中国的优势产能、发达国家的先进技术和广大发展中国家的发展需求进行有效对接，以实现“1+1+1>3”的效果，而且秉持“共商、共建、共享”原则的“一带一路”倡议还为中国与发达国家间的产能合作提供了广阔的“第三方市场”。“一带一路”沿线国家的大部分基础设施投资，由于投资周期长，资金需求量大，整体收益率偏低，预估往往需要 15~25 年方能收回成本，因此传统的投融资模式可能无法很好地解决基础设施建设的资金来源问题。“第三方市场合作”作为一种全新的合作模式可以发挥相应的作用。比如，新加坡的基础设施质量位列全球第二，并且有发达的金融市场，“一带一路”背景下的中国对外直接投资可以联合新加坡更好地实现 OFDI 的影响效应。崔健等（2018）认为中日两国与“一带一路”沿线国家之间不同的产业内贸易水平预示着两国应借鉴“第三方市场合作”的合作模式，合作共赢，发挥两国各自的比较优势，共同参与“一带一路”倡议的实施和落实。“第三方市场合作”是“一带一路”框架下中国对外直接投资过程中采取的一种新模式。

其三，重视 OFDI 的综合效应。在“一带一路”背景下的中国对外直接投资具有极强的产出乘数效应和更大的区域溢出效应（陆寒寅，2016）。李向阳（2017）认为，“一带一路”倡议是一个发展导向型的区域合作机制，本身就不是也不可能是一个短期项目，那么，无论是在国家层面还是在企业层面都必须树立长期导向，将对外直接投资的经济效应和非经济效应结合起来考量，单独只考虑经济效应而忽视非经济效应或者只重视非经济效应而忽略经济效应的做法皆不可取，也不可持续。因此，这也对中国对外直接投资的动机和影响效应提出了新的更高的要求，创新现有投资模式，关注对外直接投资创新方面的投资成效成为必不可少的环节。

其四，不确定性增强。首先是部分沿线国家国内的政治波动带来的阻力。如东南亚、中亚、中东、非洲等地，政权更迭甚至内斗及政变、国内安全形势变化、恐怖主义威胁等国内政治因素较为突出。例如，2015 年斯里兰卡新总理的当选，使得位于科伦坡总额高达 14 亿美元的港口项目前景变得不明朗。在马来西亚，2018 年马哈蒂尔当选总理后，宣布取消包括东海岸铁路计划及两项油气管道计划等在内的高达 200 多亿美元的基础设施建设项目。而今，马哈蒂尔辞去总理职务，马来西亚政权面临新的波动，中国在马来西亚的“一带一路”投资项目也将面临新的考验。此外，部分国家的中央政府能力的缺失将给投资项目的落实带来极大的阻力。阿富汗、黎巴嫩、突尼斯等国面临严重的恐怖袭击、示威游行、罢工，使得“一带一路”投资项目在这些国家也面临严峻的政治与安全风险。沿线国家具有不同的政治制度、社会文化、宗教习俗，中东、非洲、中亚部分国家和地区是目前地缘政治和国内政治双重影响下的旋涡中心，“一带一路”项目的投资安全难以得到完全的保障。其次是全球化的逆转和全球供应链的重塑所带来的影响。由于新冠肺炎疫情在全球的蔓延，作为一种全球重大突发公共卫生事件，其对全球经济的冲击和影响将是全方位的，特别是对全球价值链的冲击和影响，是非常突出和明显的。原有的全球供应链和供应链模式在疫情的冲击下受到严重影响，那些依赖全球供应链的跨国公司也因此受到重创。可以预见，全球跨国公司在进行产业链布局时会进行重新思考和规划，包括与物流运输和上下游密切相关的环节。在原有的稳定、可依赖的全球供应链被打破的情况下，新的可期待和可实施的供应链将在新的形势下接受检验，不管是已经进行的投资项目还是即将开始的投资项目都将调整和适应新的供应链模式，因此而产生的投资效应必将受到这种不确定性的影响。

其五，基于数字经济的科技创新将发挥重要的作用。在“一带一路”背景下，数字经济成为趋势，数字丝绸之路正在构建。为应对新冠肺炎疫情，各国推出的数字贸易和电子商务，在保障和维护基本的生产、消费和贸易活动方面发挥了主要和不可替代的作用。数字经济也将伴随着疫情的发展而发挥越来越重要的作用。目前，国家的产业政策已经聚焦于人工智能、5G 通信和智能网络。2018 年在中央经济工作会议上就提出了“新基建”的概念。而“新基建”七大领域的核心是科技，其建设目的在于为发展数字经济提供基础。事实上，数字基础设施已成为“一带一路”倡议的重要内容。由此看来，中国对“一带一路”沿线国家的 OFDI，尤其是在基础设施方面，也会有相应的提升和升级，这不仅将带来中国对外直接投资规模、速度和效率的变化，更会产生不同于传统基础设施投资建设的创新效应。

因此，“一带一路”背景下的中国对外直接投资在迎接巨大的机遇的同时也面临着相应的挑战。“一带一路”背景下的对外直接投资不是一帆风顺的，也不可能完全畅通无阻，一方面会面临欧美等发达国家的激烈竞争，另一方面，也遭受来自美国等域外大国的干扰和干涉。因此，与沿线各国积极寻求共同的利益诉求，强调关联利益，遵循合作逻辑，通过构建新型的合作模式和创新现有的投资方式，携手应对未来可能出现的现实挑战，是必不可少的。

2.3.3 OFDI 创新效应的研究回顾

对外直接投资的创新效应研究包括以下三个方面：

（1）对外直接投资对母国企业创新效应的研究

已有的文献中，大多数研究在对外直接投资对母国企业创新效应的积极影响方面能够达成共识。汪洋等（2014）通过实证分析得出，中国企业在向发达国家进行直接投资的过程中，企业自身的自主创新能力有所提升。董有德和孟醒（2014）从价值链的视角，实证检验了中国对外直接投资的创新影响，结果表明，中国企业对外直接投资的创新效应会因为对外直接投资所采用的方式不同而不同，比如企业在海外设立的研发、制造和营运机构可获得逆向技术溢出效应，而设立的非经营性机构和原料获取机构在获取技术溢出方面的效应不显著，同时，这种溢出效应还存在地域差异，东、中、西部地区获取技术溢出的渠道大不相同。李思慧和于津平（2016）实证分析得出，企业参与对外直接投资能够使企业增加创新投入，并激活企业整体创新行为。Piperopoulos 等（2018）通过实证分析得出，中国企业的对外直接投资对其子公司的创新绩效有积极的影响，且这种积极影响在中国企业向发达国家进行直接投资时更为显著。杨先明和王希元（2019）通过实证分析得出，对外直接投资对企业包括创新在内的高阶成长能力提升有显著的促进作用，但对企业低阶营利能力的作用是负向的。王桂军和卢潇潇（2019a）通过实证分析得出，"一带一路"倡议对中国企业创新的促进效应严重依赖于企业的对外直接投资，也就是说"一带一路"倡议在实施的过程中，企业通过参与对外直接投资能够使企业创新能力和水平有所提升。

同时，进一步分析得出，"一带一路"倡议的实施对中国企业升级有积极的促进作用，这种促进作用可以通过研发创新来实现（王桂军和卢潇潇，2019b）。贾妮莎等（2020）认为中国企业参与对外直接投资，可以使企业增加创新投入，但对企业创新产出的增加作用不明显。进一步的研究表明，基于不同的投资动机，企业对外直接投资能获得不同的创新效应，比如，企业开展技术寻求型投资可以促进企业创新投入和创新产出的增加，而企业开展资源寻求型投资则对企业的创新投入和创新产出有负向的影响。此外，企业在向不同的投资目的地进行投资时，获取的创新效应存在较大差异，以发达国家为目的地的投资对企业的创新投入有显著促进作用；以发展中国家为投资目的地的投资则对企业的创新产出有显著的促进作用。在影响因素方面，阚大学（2014）基于实证分析发现，市场化指数是影响 OFDI 创新效应发挥的因素之一，只有在市场化指数达到一定水平之后，OFDI 才能对内资企业的技术创新起促进作用，否则对内资企业技术的创新产生负面影响。进一步分析得出，东部地区的对外直接投资对内资企业的技术创新会带来正向的促进效应，而对于中西部地区的内资企业而言，对外直接投资对其技术创新的促进作用是负向的。卢汉林和冯倩倩（2016）认为对外直接投资的技术创新效应受创新能力和金融发展水平的限制。罗军（2017）认为融资约束是影响民营企业对外直接投资技术创新效应的重要因素。靳巧花和严太华（2019）认为对外直接投资对创新效应的影响受到知识产权保护水平的限制。当知识产权保护水平未达到一定的门槛值时，对外直接投资对创新能力和水平不能产生促进作用，只有知识产权保护水平达到一定的门槛值之后，这种促进作用才是正向的、显著的。

（2）对外直接投资对母国产业和区域创新效应的研究

在产业层面，Pradhan 等（2008）对印度对外直接投资对汽车工业领域创新的影响进行了实证分析，研究结果表明，印度对外直接投资使印度汽车工业创新投入增加。朱严林和许敏（2015）通过实证分析得出，中国对外直接投资对高技术产业层面的技术创新有显著的和积极的促进作用，只是其促进作用还比较小。

在区域层面，陈菲琼和丁宁（2009）认为对外直接投资逆向溢出的公共效应对区域创新能力和水平的提升有促进作用。沙文兵（2012）通过省级面板数据实证分析得出，中国的对外直接投资可以通过获取逆向技术溢出效应来促进国内创新能力和创新水平的提升。陈菲琼等（2013）通过实证检验得出，对外直接投资对区域技术创新有显著的提升作用，但是对于东、中、西部地区的技术创新能力提升存在地区差异，其中东部地区的对外直接投资的技术创新促进效应是积极显著的，而中部地区的这种促进作用不显著，西部地区的这种影响作用为负向的。苏文喆和李平（2014）通过实证分析得出，地区的吸收能力是影响 OFDI 创新效应的因素之一，东部沿海地区因为吸收能力较好，所以能够通过 OFDI 带来技术创新效应的提升，而绝大部分中西部地区省份的这种提升效应不明显。Li 等（2016）通过省级面板数据，实证分析中国对外直接投资对区域创新效应的影响，研究表明，OFDI 对国内创新具有非常重要的影响，同时，区域的吸收能力、外商直接投资和当地市场的竞争强度对 OFDI 的创新效应有调节作用。其中，区域的吸收能力正向调节 OFDI 的创新效应，外商直接投资与对外直接投资在对区域创新效应的影响上呈互补的关系，而当地市场的竞争强度会负向调节 OFDI 的创新效应。胡琰欣等（2018）通过实证分析得出，中国的对外直接投资对区域创新效率水平的提升有显著的推动作用，但这种影响作用较为滞后，而且表现出地区差异，只有地区吸收能力达到一定水平之后，对外直接投资对创新的促进作用才会凸显。Zhou 等（2019）采用省级面板数据实证分析了中国海外投资活动对技术创新能力和生产率的促进作用，研究结果表明，中国向发达国家进行直接投资时，会正向影响国内创新绩效，而在向正在转型的和新兴的市场进行直接投资时会对国内创新绩效产生负向影响，同时，金融发展和人力资本对中国对外直接投资的创新效应有调节作用，这种调节作用表现在向发达国家进行投资时，它们会削弱对外直接投资的创新效应，在向转型和新兴市场进行投资时，它们也会削弱对外直接投资的创新效应。

（3）对外直接投资对东道国创新效应的研究

在东道国国家层面，对于发达国家而言，对外直接投资可以通过促进国内新兴产业的发展，优化和调整产业结构，从而带来创新资源和创新要素的累积，促进创新能力和水平的提升。对于发展中国家而言，对外直接投资，会通过反向技术溢出、产业结构调整和产业结构升级，获得创新资源和创新要素的累积，从而提高创新能力和创新水平。郑展鹏（2014）通过构建国际R&D溢出模型，实证分析了中国作为东道国，吸引来自外商直接投资时，对本国创新效应的影响，研究结果表明，外商直接投资对中国技术创新的影响不显著。李洪亚和宫汝凯（2016）通过对东道国的分类研究发现，中国在向发展中国家或欠发达国家进行直接投资时，技术进步对 OFDI 的正向影响相对较弱；而 OFDI 对技术进步的影响则相对较强。当中国对以发达国家为主的 OECD 国家进行直接投资时，技术进步对 OFDI 的正向影响相对较强，而 OFDI 对技术进步的影响相对较弱。对外直接投资对于东道国创新效应的影响，主要受制于东道国的经济发展水平和技术发展水平。对外直接投资对东道国创新方面的影响效应还表现在通过利用外资显著提升其全球价值链参与度（Lopez-Gonzalez et al.，2015）和全球价值链的分工地位（刘海云和董志刚，2018；姚战琪和夏杰长，2018；彭澎和李佳熠，2018），使得东道国在利用外资和在参与全球价值链分工的过程中获得技术外溢效应，提升其技术水平和生产效率，进而提升其创新能力和创新水平。姚战琪和夏杰长（2018）重点论述了中国对“一带一路”沿线国家的直接投资对它们的积极影响效应，认为中国对“一带一路”沿线国家的投资通过增加其出口产品的国外附加值，能够提升沿线国家在全球价值链中的地位和嵌入程度，促进其行业技术水平和创新能力的提升。彭澎和李佳熠（2018）通过实证分析得出中国对“一带一路”沿线国家的直接投资，对中国全球价值链地位攀升的影响要大于对东道国的影响。投资产生的影响效应一方面与东道国的吸收能力有关，另一方面与东道国的投资环境有关，如东道国在基础设施方面的建设情况等。

对外直接投资在创新方面的影响效应的发挥受一系列因素的影响和制约，

归纳起来，大致包括一国经济发展水平（Dunning，1988）、一国所处的全球价值链中的地位（刘志彪，2015）、区域吸收能力（阚大学，2010；尹东东和张建清，2016）、企业所处的生命周期的不同阶段（杨忠 等，2007）等方面，即在对外直接投资的过程中，母国、东道国和企业各自的特定优势会综合影响对外直接投资创新效应的发挥。

2.3.4 对现有研究的总结性述评

在已有的文献研究中，对于“一带一路”背景下的中国对外直接投资的影响效应研究逐渐成为社会各界关注和研究的热点，学者们已经对中国对外直接投资的经济效应和非经济效应展开相应的研究，从短期和长期视角分别进行相关分析，并且在宏观层面、中观层面和微观层面等方面分别取得较为丰富的研究成果。虽然目前对于“一带一路”背景下的对外直接投资的影响效应的相关研究已经取得较大进展，但总的来看已有的研究多集中探讨对外直接投资所产生的经济增长效应、贸易创造效应、产业转移效应、技术溢出效应和制度变迁效应等方面，关于中国对外直接投资的创新效应，既有研究仍然存在诸多问题亟须深入探讨。

国内关于中国对外直接投资的影响效应研究多侧重从中国或者东道国的某一个方面来探讨经济层面的影响效应，国外关于对外直接投资经济层面的影响效应的研究尚未达成一致，这种影响效应有积极的，也有消极的，也有不确定的。大多数学者认为，对于对外直接投资的经济效应要依据具体的引资国的情况来看，如研究中国对“一带一路”沿线国家的投资效应，因为存在较大的国别差异，实证结果会出现较大的不同。因此，关于对外直接投资的影响效应，要依据对外投资活动中投资国的投资动机、方式、周期以及各东道国具体的发展水平和所处的全球价值链中的地位进行有针对性的研究。在新的现实背景下，在高质量推进“一带一路”建设的过程中，对外直接投资的目标已经发生了变化和调整，由“一带一路”倡议提出和实施的初期阶段的以数量为主转向质、量并重。单纯地追求对外直接投资在经济方面的成效，如对经济增长、就业增加、贸易量扩大等传统对外直接投资所能带来的促进作用，并不完全符合高质量发展的要求。而对外直接投资在创新方面的成效，对于加强和提高国内企业的技术水平和竞争实力等方面可以提供持续的动力。

另外，对外直接投资在经济层面的收益，会被激烈的国际竞争环节吞噬。因此，打造企业核心竞争力，提高其创新能力和水平是关键。那么，对于“一带一路”背景下对外直接投资经济层面的影响效应，并不足以刻画 OFDI 对于母国和东道国的双重效应，还需要用对外直接投资的创新效应来衡量和检验中国对外直接投资项目的质量。对于中国对外直接投资的创新效应研究的实证结论还存在相互矛盾的地方。归纳起来，包含三个方面：一部分学者认为，中国对外直接投资的创新效应不显著；另一部分学者认为，中国对外直接投资的创新效应非常显著；还有一部分学者认为，中国对外直接投资的创新效应不确定，要根据不同的情景才能得出相应的结论。这一方面是因为基于不同的发展时期和不同投资动机会有不同的投资收益，另一方面创新效应的获取不是一个简单的过程，基于不同的参与主体，从不同的立足点，会得出相差甚远的结论。国家特定优势理论表明，企业在对外直接投资的过程中，要想更好地获得企业自身的特定优势，增强其竞争能力和水平，既需要将母国不同时期和发展阶段的国家特定优势，如组织优势、资源优势等，转化为企业内在的竞争优势，也需要将自身的企业特定优势融入东道国的区位优势、技术优势，获取它们在本国缺乏的、无法获得的企业特定优势，或进一步增强它们自身的特定优势，以进一步提升其在激烈的国际竞争中的实力。

此外，母国的国家特定优势会影响其对外关系，尤其是与东道国的国际关系，母国与东道国之间的联系与往来会对企业的对外直接投资模式和收益产生相应的影响。因此，对于对外直接投资创新效应的考查，不仅要结合具体的时期和发展阶段进行探讨，更要结合不同的关联主体进行探究，即要综合企业微观主体与企业所在的母国，以及对外直接投资活动指向的东道国来整体分析对外直接投资的创新效应。所以，新的时期，“一带一路”背景下的中国对外直接投资的创新效应究竟存不存在？如果存在，那么创新效应形成的机理又是什么？还需要接受实践的进一步检验。此外，有少数学者从某种单一视角，如行业层面、区域层面或微观企业层面的某一个方面来探讨了对外直接投资的创新效应，或者从创新效应的诸多实现方式中的某一种方式来探讨。而对于 OFDI 创新效应的研究，又鲜有结合“一带一路”倡议实施的背景以及母国与东道国的关联利益联系和功能性合作来展开探讨的。总的来看缺乏全面的、综合性的研究成果，因此已有的文献还需要继续深化。

2.4 小　结

纵观各类理论的主要内容，不管是发达国家 OFDI 的理论，还是发展中国家 OFDI 的理论，都从不同的角度对国际直接投资的影响效应进行了解释，这些理论有助于我们认识和了解国际直接投资的动因和可能会产生的影响效应。但是大部分理论的内容不适合来解释中国的 OFDI，或者不能完全解释中国的 OFDI 行为，需要拓展和延伸已有的理论框架或用新的理论视角来解释。不管是用传统的跨国公司理论、国际商务理论和 FDI 理论、邓宁的生产折衷理论，还是用交易成本理论、资源基础观、代理理论和制度理论等的视角来解释中国 OFDI，均有其合理性，但也存在相应的局限性。因此，有必要参照既有理论的合理之处，衍生和拓展适用于中国对外直接投资的理论框架。一方面用这些理论的合理之处考察中国对外直接投资在创新方面的普遍性，另一方面结合中国对外直接投资的独特性，尤其是“一带一路”背景下中国对外直接投资在投资模式、投资规模、投资目的地等方面区别于发达国家与发展中国家的独特性，拓展现有对外直接投资理论，为中国对外直接投资实践活动提供参考的同时，也为其他国家的对外直接投资活动提供一点参考。可以说，“一带一路”倡议的提出和实施为中国对外直接投资理论框架的拓展提供了一个重要的契机。

通过上述文献的梳理和归纳可知：①关于对外直接投资的影响效应，国内外学者大多聚焦于对外直接投资的经济效应，从不同的视角展开相应的研究，并取得了丰富的研究成果。而关于对外直接投资可能存在的创新效应问题，国内外学者对其进行的研究相对较少，对于“一带一路”背景下的中国对外直接投资的创新效应，更是鲜有探讨，相关研究还需要进一步深入。“一带一路”背景下的中国对外直接投资，在近几年快速推进的过程中，与以往发达国家（地区）和发展中国家（地区）的投资模式呈现出不同的特征与规律，其核心在于进一步提升国内企业的整体技术水平和增强国际竞争优势。在这个过程中，进一步凸显国家特定优势的积极作用。如何更好地把握“一带一路”背景下的中国对外直接投资，如何更好地区分在“一带一路”倡议实施的初期阶段和高质量推进阶段的侧重点，关注对外直接投资所能产生的不同投资收益，不仅可以检验“一带一路”倡议在推进过程中的成效，还能为中国企业在参与对外直接投资的过程中如何更好地提升其创新能力和创新水平提供相应的参考。

②关于创新效应的探讨，已有的研究中，将对外直接投资作为实现方式进行探讨时，主要聚焦于单一层面进行研究，或集中于国家层面，或集中于行业层面、区域层面、企业层面，而从宏观、中观和微观三个层面来综合看待创新效应的研究较少。创新效应的发挥不是一个单向度的简单过程，而是涉及多个参与主体的综合过程。跨国企业在对外直接投资的过程中能否获得相应的创新成效，不仅与企业自身的特定优势有关，而且与国家特定优势息息相关。这里的国家特定优势，既来自母国在行业、组织、资源等方面的特定优势，又来自东道国在区位、市场和竞争程度等方面的特定优势。所以，对于对外直接投资，其实施主体是企业，从微观企业层面来探讨对外直接投资的创新效应是必不可少的，但是企业创新效应的实现较大程度上受其所处的行业和区域的影响，因此，有必要从区域层面来看待对外直接投资的创新效应。此外，企业在海外顺利开展对外直接投资，很大程度上是由于企业所在国特定的优势条件和东道国的特定优势发挥了重要的作用，来自母国和东道国的国家特定优势在国际投资领域中的作用不容忽视。因此，从国家宏观层面来看待对外直接投资的创新效应有其必要性和合理性。尤其是在“一带一路”背景下，中国企业迎来“走出去”的巨大机遇的情况下，国家层面的作用更是不容小觑。同时，单独一个层面的研究得出的结论可能存在偏颇，因此，也需要从企业层面和区域层面以及国家层面来展开对于 OFDI 创新效应的探讨，进而综合看待中国对外直接投资对母国和东道国的创新效应。

为弥补上述研究的不足，本书将拓展既有的理论框架，借鉴相关文献的研究成果，分别从投资国（母国）和引资国（东道国）的角度探讨“一带一路”背景下中国对外直接投资的创新效应。对于投资国（母国）的创新效应的探讨，从企业层面和区域层面分别展开分析和研究，以期得出的研究结论更加全面、客观和准确。同时，鉴于数据的可得性，本书采用《中国对外直接投资公报》和《境外投资企业（机构）名录》更新到 2018 年的数据，这将使得本书的研究结论具有一定的时效性。

第三章　中国对外直接投资的现状

在“一带一路”倡议的逐步实施和落实的过程中，中国 OFDI 的规模和速度均有显著增长。国家统计局发布的权威数据表明，2018 年中国对外直接投资，从流量上看，为 2003 年的 50.1 倍。其中，中国 OFDI 流量占世界投资流出流量的比重从 2003 年到 2018 年有较大的提升，比重从 0.45% 上升到 14.1%。中国在 2015 和 2016 连续两年成为直接投资项下的资本净输出国和全球第二大对外投资国。2017 年，中国对外直接投资流量排名下降了一名，位居全球第三。2018 年，中国 OFDI 流量和存量占全球当年流量、存量的比例，较上一年分别提升了 3 个百分点和 0.5 个百分点，流量位列全球第二，存量位列全球第三。其中，2002—2018 年中国对外直接投资的年平均增长速度高达 28.2%，2013 至 2018 年累计流量达 8741.1 亿美元，占中国对外直接投资存量规模的 44.1%。因此，分析和研究中国对外直接投资的发展、国际地位、行业结构、区域分布等，不仅能更加全面地看待中国对外直接投资所处的历史时期和面临的主要问题，更能为深入研究中国对外直接投资尤其是“一带一路”背景下的对外直接投资效应奠定良好的基础。本章梳理了自 1978 年改革开放以来中国 OFDI 的发展历程，对比分析历年中国 OFDI 的数据，厘清了中国 OFDI 企业的类别比例，中国 OFDI 的区域分布和行业分布，进而归纳总结出中国 OFDI 的特征，特别是“一带一路”背景下中国 OFDI 所呈现出的新特征。

3.1 中国 OFDI 的发展现状

3.1.1 中国 OFDI 的发展历程

中国对外直接投资的历程，从改革开放至今，大概可以划分为四个阶段。

1978—1991 年是萌芽、起步阶段。这一阶段，中国对外直接投资流量从 1982 年的 4400 万美元上升到 1991 年的 91300 万美元，中国对外直接投资流量占世界整体水平的比例由 0.16% 上升到 0.45%；中国对外直接投资存量从 1982 年到 1991 年增长了 121 倍，占世界整体水平的比例由 0.007% 上升到 0.21%。总的来看，这一时期，中国对外直接投资的规模和发展速度仍处于较低的水平，虽然整体呈增长的趋势，但增长幅度不大，且因基数不大，整体的绝对规模还比较小。这主要是由于这一时期中国的对外直接投资处于初始阶段，企业进行对外直接投资还处于摸索时期，投资经验不足，投资优势不明显，与投资相关的政策、法规等还在逐步形成之中。

1992—2002 年是中国对外直接投资的起飞阶段。这一阶段，中国对外直接投资流量有增长、有回落，处于徘徊状态。其中 1992 年和 2001 年流量增长率分别高达 338.1% 和 651.9%，1992 年流量高达 40 亿美元，但到 2002 年又回落到 25 亿美元。在存量方面，从 1992 年的 93.68 亿美元增加到 2002 年的 299 亿美元，占世界整体水平的比例由 0.36% 上升到 0.41%。这一时期，整体来看，以邓小平南方谈话和党的十四大召开为标志，中国改革开放进入新阶段，开启了向社会主义市场经济的历史性转轨，参与对外直接投资的企业逐步增加，对外直接投资规模和水平较上一个阶段有明显增长。

2003—2012 年是中国对外直接投资的快速发展阶段。在这一时期，中国对外直接投资流量，由 2003 年的 28.55 亿美元增加到 2012 年的 878.04 亿美元，其中 2005 年达到 122.61 亿美元，增长率高达 123.01%，2008 年达到 559.07 亿美元，增速达到 110.92%。在这一时期，中国对外直接投资存量，由 2003 年的 332.22 亿美元增加到 2012 年 5319.41 亿美元，其中2007年突破1000亿美元，同比增长30.1%，高达1179.1亿美元；2006年、2008年、2011年的投资存量增长率分别达到58.43%、56.03%和33.91%。所以，这一时期，中国对外直接投资不管是在流量方面，还是在存量方面，相较于前两个阶段，发展速度较快，所形成的投资规模也越来越庞大。这一方面是由于2001年中国加入世界贸易组织后及时提出的“走出去”对外开放战略发挥了积极作用，另一方面是因为随着中国OFDI的不断发展和推进，中国OFDI的经验不断增多，优势不断凸显。

2013—2018年是中国对外直接投资的新阶段。这一时期，中国对外直接投资流量在不断增长之后又有所回落，从2013年的1078.44亿美元增加到2018年的1298.3亿美元，其中2016达到最高值，为1961.49亿美元，同比增长34.66%。从2013年开始，中国对外直接投资流量在全球国家和地区的排名中位居第三，2015年、2016年位居全球第二，在2017年回落至全球第三之后，2018年又位列全球第二。在对外直接投资存量方面，从2013年到2018年增长了近3倍，具体数额从6604.78亿美元增加到19388.7亿美元。其中，从2015年开始，对外直接投资存量突破1万亿美元，达到10978.65亿美元，同比增长24.38%，2017年达到18090.4亿美元，同比增长33.27%，2018年对外直接投资存量位列全球第三。总的来看，这一时期，由于“一带一路”倡议的提出和逐步落实，中国的OFDI，尤其是对“一带一路”沿线国家的OFDI，增速较快。在“一带一路”背景下，随着对外投资制度的改革与不断完善，参与对外直接投资的主体呈现出多样化的特征，并表现出前所未有的活力。

从表3-1和图3-1中可以看出2003—2018年中国对外直接投资流量及其变化趋势；从表3-2和图3-2可以看出2003—2018年中国对外直接投资存量及其变化趋势。

表 3-1 2003—2018 年中国对外直接投资流量及增长率

年份	流量 / 亿美元	增长率 /%	年份	流量 / 亿美元	增长率 /%
2003 年	28.55	5.60	2011 年	746.54	8.49
2004 年	54.98	92.57	2012 年	878.04	17.61
2005 年	122.61	123.01	2013 年	1078.44	22.82
2006 年	211.64	72.61	2014 年	1231.2	14.16
2007 年	265.06	25.24	2015 年	1456.67	18.31
2008 年	559.07	110.92	2016 年	1961.49	34.66
2009 年	565.29	1.10	2017 年	1582.88	-19.30
2010 年	688.11	21.73	2018 年	1430.4	-9.6

数据来源：2003—2018 年《中国对外直接投资统计公报》、联合国贸发会议世界投资报告。增长率的数据根据上述原始数据计算所得。

注: 2003—2005 年为非金融类对外直接投资数据，2006—2018 年为全行业对外直接投资数据。

表 3-2 2003—2018 年中国对外直接投资存量及增长率

年份	存量 / 亿美元	增长率 /%	年份	存量 / 亿美元	增长率 /%
2003 年	332.22	11.11	2011 年	4247.81	33.91
2004 年	447.77	34.78	2012 年	5319.41	25.23
2005 年	572.06	27.76	2013 年	6604.78	24.16
2006 年	906.30	58.43	2014 年	8826.42	33.64
2007 年	1179.11	30.10	2015 年	10978.65	24.38
2008 年	1839.71	56.03	2016 年	13573.90	23.64
2009 年	2457.55	33.58	2017 年	18090.40	33.27
2010 年	3172.11	29.08	2018 年	19388.70	7.18

数据来源：2003—2018 年《中国对外直接投资统计公报》、联合国贸发会议世界投资报告。根据上述原始数据计算增长率的数据。

注: 2003—2005 年为非金融类对外直接投资数据，2006—2018 年为全行业对外直接投资数据。

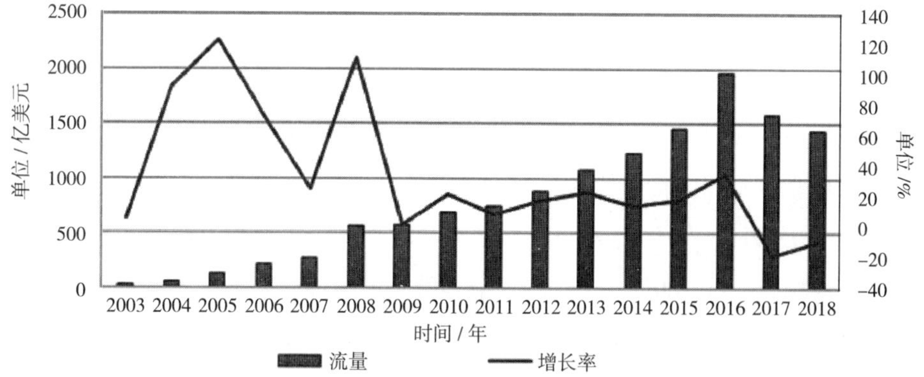

图 3-1　2003—2018 年中国对外直接投资流量发展趋势

数据来源：根据《中国对外直接投资统计公报》（2003—2018 年）、联合国贸发会议世界投资报告的相关数据绘制

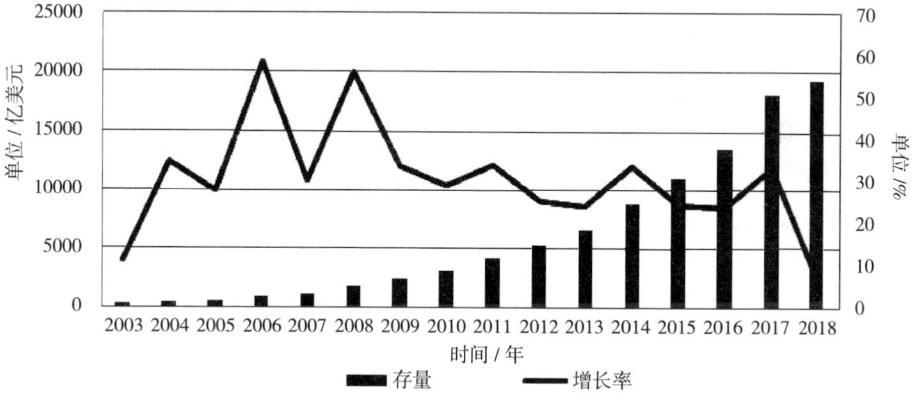

图 3-2　2003—2018 年中国对外直接投资存量发展趋势

数据来源：根据《中国对外直接投资统计公报》（2003—2018 年）、联合国贸发会议世界投资报告的相关数据绘制

3.1.2 中国 OFDI 的区域和国别分布

中国对外直接投资的区域和国别分布是研究中国 OFDI 影响效应的重要内容，对于不同的投资动机和投资目的地，相应的投资效应也会表现出不同的差异。通过对中国 OFDI 目的地的分析，可以对中国对外直接投资的区位分布

以及投资目的地的广度和分布有一个更全面的、更清晰的认识和了解。

（1）中国对外直接投资的区域分布

中国境外企业在全球的区域分布反映了中国对外直接投资在全球的覆盖范围。从表 3-3 可以看出中国境外企业在世界各地区的覆盖比例。其中，中国境外企业在亚洲的覆盖率一直稳居第一，从 2004 年开始，其覆盖率始终保持在 90% 及以上。中国境外企业在非洲和欧洲的覆盖率居其次，二者的覆盖比例大致相当，除 2003 年以外，其余年份，中国境外企业在这两个洲的覆盖率均在 70%~88% 之间。在北美洲，中国境外企业的覆盖率，除 2003 年之外，其余年份均保持在 75%。在拉丁美洲和大洋洲，中国境外企业的覆盖率相对较低，但在拉丁美洲的覆盖率大多数年份在 50% 以上，在大洋洲的覆盖率多数年份处于 50% 以下。

中国 OFDI 在不同区域的投资数额和全球占比，一定程度上可以反映出中国对外直接投资区位分布的多样化程度。从表 3-4 可以看出，中国对外直接投资的投资目的地以亚洲区域居多。中国对亚洲地区直接投资占全球所有国家（地区）的比重，从 2003 年的 52.5% 上升到 2018 年 73.8%，且从 2007 年开始，占比均在 60% 以上。这也反映了中国对外直接投资的区域集中度较高，主要集中于亚洲地区。中国对拉丁美洲的直接投资额占比居其次，在 2003—2006 年，投资占比在 32%~48% 之间波动，但从 2007 年开始，投资占比下降到 20% 以下。中国对欧洲的直接投资额占比基本在 10% 以下，但 2011 年达到 11.1%，2017 年达到 11.7%。中国对非洲的直接投资额占比，在 2008 年达到最高值，为 9.8%，在 2009 年之后，基本保持在 5% 以下的水平。中国对北美洲的直接投资额占比在 2012 年之前均处于 5% 以下的水平，2012 年上升到 5.6% 后，占比份额在 2016 年达到 10.4%，而后有所回落，在 2018 年达到 6.1%。在大洋洲，中国对外直接投资额占比基本处于较低的水平，在 1.1%~4.4% 之间波动。

表 3-3 2003—2018 年中国境外企业在世界各洲分布　　单位：%

年份	洲别						年份	洲别					
	亚洲	欧洲	非洲	北美洲	拉丁美洲	大洋洲		亚洲	欧洲	非洲	北美洲	拉丁美洲	大洋洲
2003年	81.0	61.0	73.0	50.0	49.0	35.0	2011年	90.0	71.2	85.0	75.0	57.1	40.0
2004年	91.0	80.0	79.0	75.0	43.0	45.0	2012年	95.7	85.7	85.0	75.0	56.3	45.8
2005年	93.0	85.0	83.0	75.0	45.0	36.0	2013年	97.9	85.7	86.7	75.0	60.6	50.0
2006年	91.0	73.0	81.0	75.0	53.0	36.0	2014年	97.9	85.7	86.7	75.0	64.6	50.0
2007年	90.0	74.0	81.0	75.0	53.0	42.0	2015年	97.9	87.8	85.0	75.0	67.3	50.0
2008年	90.0	74.0	81.4	75.0	55.0	42.0	2016年	97.9	87.8	86.7	75.0	69.4	50.0
2009年	90.0	77.0	81.4	75.0	57.0	40.0	2017年	97.9	87.8	86.7	75.0	67.3	50.0
2010年	90.0	71.0	85.0	75.0	57.0	44.0	2018年	97.9	87.8	86.7	75.0	65.3	50.0

数据来源：根据 2003—2018 年《中国对外直接投资统计公报》的数据整理得出。

表 3-4 2003—2018 年中国对外直接投资流量区域占比　　单位：%

年份	洲别						年份	洲别					
	亚洲	非洲	欧洲	拉丁美洲	北美洲	大洋洲		亚洲	非洲	欧洲	拉丁美洲	北美洲	大洋洲
2003年	52.5	2.6	5.3	36.5	2.0	1.1	2011年	60.9	4.3	11.1	16.0	3.3	4.4
2004年	54.6	5.8	3.1	32.0	2.3	2.2	2012年	73.8	2.9	8.0	7.0	5.6	2.7
2005年	35.6	3.3	4.2	52.6	2.6	1.7	2013年	70.1	3.2	5.5	13.3	4.5	3.4
2006年	43.4	2.9	3.4	48.0	1.5	0.8	2014年	69.0	2.6	8.8	8.6	7.5	3.5
2007年	62.6	5.9	5.8	18.5	4.3	2.9	2015年	74.4	2.0	4.9	8.6	7.4	2.7
2008年	77.9	9.8	1.6	6.6	0.6	3.5	2016年	66.4	1.2	5.4	13.9	10.4	2.7
2009年	71.4	2.6	5.9	13.0	2.7	4.4	2017年	69.5	2.6	11.7	8.9	4.1	3.2
2010年	65.3	3.1	9.8	15.3	3.8	2.7	2018年	73. 8	3.8	4.6	10.2	6.1	1.5

数据来源：根据 2003—2018 年《中国对外直接投资统计公报》的数据整理得出。

注: 2003—2006 年为非金融类对外直接投资数据，2006—2018 年为全行业对外直接投资数据。

从表 3-5 可以看出，中国对亚洲地区直接投资额逐年增加，从 2003 年的 15 亿美元增加到 2018 年的 1055.1 亿美元。从 2015 年开始，投资额突破 1000 亿美元，并一直维持 1000 亿美元以上的水平。中国对非洲地区的直接投资额，除 2008 年、2013 年和 2018 年外，其余年份均在 50 亿美元以下。中国对欧洲地区的直接投资额整体逐年增加，分别在 2014 年、2016 年和 2017 年突破 100 亿美元，其中 2017 年的投资额达到 184.6 亿美元。中国对拉丁美洲的直接投资额在 2010 年前均低于 100 亿美元，2010 年突破 100 亿美元，达到 105.4 亿美元，并在 2016 年达到最高值，高达 272.3 亿美元，然后 2018 年回落到 146.1 亿美元。中国对大洋洲的直接投资，在 2016 年之前的投资额都较小，在 50 亿美元以下，2016 年达到 52.1 亿美元，而后回落，在 2018 年下降到 22.2 亿美元。

表 3-5 2003—2018 年中国对外直接投资流量区域分布　　单位：亿美元

年份	洲别						年份	洲别					
	亚洲	非洲	欧洲	拉丁美洲	北美洲	大洋洲		亚洲	非洲	欧洲	拉丁美洲	北美洲	大洋洲
2003年	15.0	0.8	1.5	10.4	0.6	0.3	2011年	454.9	31.7	82.5	119.4	24.8	33.2
2004年	30.0	3.2	1.7	17.6	1.3	1.2	2012年	647.9	25.2	70.4	61.7	48.8	24.2
2005年	43.7	4.0	5.1	64.7	3.2	3.0	2013年	756.0	143.6	59.5	49.0	36.6	33.7
2006年	76.6	5.2	5.9	84.7	2.6	1.3	2014年	849.9	32.0	108.4	105.4	92.1	43.4
2007年	153.8	15.7	10.9	49.0	11.3	7.7	2015年	1083.7	29.8	71.2	126.1	107.2	38.7
2008年	435.5	54.9	8.8	36.8	3.6	19.5	2016年	1302.7	24.0	106.9	272.3	203.5	52.1
2009年	404.1	14.4	33.5	73.3	15.2	24.8	2017年	1100.4	41.0	184.6	140.8	65.0	51.1
2010年	448.9	21.1	67.6	105.4	26.2	18.9	2018年	1055.1	53.9	65.9	146.1	87.2	22.2

数据来源：根据《中国对外直接投资统计公报》（2003—2018 年）的数据整理得出。

注：2003—2007 年为非金融类对外直接投资数据，2008—2018 年为全行业对外直接投资数据。

（2）中国 OFDI 的国别分布

中国 OFDI 的国别分布较广，从表 3-6 可以看出，中国对外直接投资的目的地范围越来越广。2003 年，中国境内企业在全球 139 个国家（地区）设立境外企业，而后逐年增加，2018 年达到 188 个，遍布全球近 80% 的国家（地区）。其中，2016 年达到最高值，为 190 个。

表 3-6 2003—2018 年中国对外直接投资目的地国家（地区）数　　单位：个

年份	投资国家（地区）数	年份	投资国家（地区）数
2003 年	139	2011 年	178
2004 年	149	2012 年	179
2005 年	163	2013 年	184
2006 年	172	2014 年	186
2007 年	173	2015 年	188
2008 年	174	2016 年	190
2009 年	177	2017 年	189
2010 年	178	2018 年	188

数据来源：根据 2003—2018 年《中国对外直接投资统计公报》的数据整理得出。

表 3-7 是 2003—2018 年中国对外直接投资流量排名前十位的国家（地区）所占份额。从表 3-7 可以得知，中国 OFDI 流向最多的三个地区分别为中国香港、开曼群岛和英属维尔京群岛。从 2003—2007 年，这三个地区一直稳居前三。其中，中国香港是中国对外直接投资流量流向最多的地区，投资额所占比重在大多数年份超过了 50%，2008 年对其投资占比达到最高值，为 69.1%。开曼群岛是中国对外直接投资流量流向第二多的地区，对其投资额占比在 2006 年前一直保持在 20% 以上的水平，从 2007 年开始投资额占比下降到 10% 以下，但相比其他国家（地区）而言，仍然属于占比较高的地区。对英属维尔京群岛的直接投资占比，在 2.6%~12.2% 之间波动，在 2003—2008 年，一直为排名第三的投资目的地，

其中 2010 年、2011 年和 2017 为排名第二的投资目的地。

从表 3-7 可以看出，在 2003—2018 年，中国对外直接投资最多的十个国家（地区）占当年总投资额比重非常高，2003 年为 91.47%，2005 年为 92.52%，2008 年达到 93.97%。除 2006 年外，中国对外直接投资最多的 10 个国家（地区）占当年总投资额比重均超过 80%。这说明中国对外直接投资的目的地相对比较集中，虽然投资目的地分布很广，但大额的投资集中在少部分国家（地区）中。此外，中国在俄罗斯、新加坡、澳大利亚、美国等国家的直接投资占比虽然相对较低，但一直是热门的投资目的地。

表 3-7 2003—2018 年中国对外直接投资流量前十位国家（地区）所占比重

单位：%

年份	国家（地区）及占比										
2003年	中国香港	开曼群岛	英属维尔京群岛	韩国	丹麦	美国	泰国	中国澳门	俄罗斯	印度尼西亚	合计
	40.35	28.32	7.37	5.4	2.6	2.28	2	1.12	1.09	0.95	91.48
2004年	中国香港	开曼群岛	英属维尔京群岛	苏丹	澳大利亚	美国	俄罗斯	印度尼西亚	新加坡	尼日利亚	合计
	47.8	23.38	7.02	2.67	2.27	2.18	1.4	1.13	0.87	0.84	89.56
2005年	开曼群岛	中国香港	英属维尔京群岛	韩国	美国	俄罗斯	澳大利亚	德国	苏丹	哈萨克斯坦	合计
	42.09	27.9	10.03	4.8	1.89	1.63	1.57	1.01	0.82	0.77	92.51
2006年	开曼群岛	中国香港	英属维尔京群岛	俄罗斯	美国	新加坡	沙特阿拉伯	阿尔及利亚	澳大利亚	蒙古国	合计
	37.1	32.75	2.54	2.14	0.94	0.62	0.55	0.47	0.42	0.41	77.94
2007年	中国香港	开曼群岛	英属维尔京群岛	加拿大	巴基斯坦	英国	澳大利亚	俄罗斯	南非	新加坡	合计
	51.81	9.82	7.08	3.9	3.44	2.14	2.01	1.8	1.71	1.5	85.21

续表

年份	国家（地区）及占比										
2009年	中国香港	开曼群岛	澳大利亚	卢森堡	英属维尔京群岛	新加坡	美国	加拿大	中国澳门	柬埔寨	合计
	63	9.5	4.3	4	2.9	2.5	1.6	1.08	0.81	0.67	90.36
2010年	中国香港	英属维尔京群岛	开曼群岛	卢森堡	澳大利亚	瑞典	美国	加拿大	新加坡	缅甸	合计
	56	8.9	5.1	4.7	2.5	2	1.9	1.7	1.6	1.27	85.67
2011年	中国香港	英属维尔京群岛	开曼群岛	法国	新加坡	澳大利亚	美国	英国	卢森堡	苏丹	合计
	47.8	8.3	6.6	4.7	4.4	4.2	2.4	1.9	1.7	1.2	83.2
2012年	中国香港	美国	哈萨克斯坦	英国	英属维尔京群岛	澳大利亚	委内瑞拉	新加坡	印度尼西亚	卢森堡	合计
	58.4	4.6	3.4	3.2	2.6	2.5	1.8	1.7	1.5	1.3	81
2013年	中国香港	开曼群岛	美国	澳大利亚	英属维尔京群岛	新加坡	印度尼西亚	英国	卢森堡	俄罗斯	合计
	58.3	8.6	3.6	3.2	3	1.9	1.5	1.3	1.2	0.9	83.5
2014年	中国香港	美国	卢森堡	英属维尔京群岛	开曼群岛	澳大利亚	新加坡	英国	德国	印度尼西亚	合计
	57.6	6.2	3.7	3.7	3.4	3.3	2.3	1.2	1.2	1	83.6

续表

年份	国家（地区）及占比										
2015年	中国香港	荷兰	新加坡	开曼群岛	美国	澳大利亚	俄罗斯	英属维尔京群岛	英国	加拿大	合计
	61.64	9.24	7.18	7.01	5.51	2.33	2.03	1.27	1.27	1.07	98.55
2016年	中国香港	美国	开曼群岛	英属维尔京群岛	澳大利亚	新加坡	加拿大	德国	以色列	马来西亚	合计
	58.2	8.7	6.9	6.3	2.1	1.6	1.5	1.2	0.9	0.9	88.3
2017年	中国香港	英属维尔京群岛	瑞士	美国	新加坡	澳大利亚	德国	哈萨克斯坦	英国	马来西亚	合计
	57.6	12.2	4.7	4	4	2.7	1.7	1.3	1.3	1.1	90.6
2018年	中国香港	美国	英属维尔京群岛	新加坡	开曼群岛	卢森堡	澳大利亚	印度尼西亚	马来西亚	加拿大	合计
	60.7	5.2	5	4.5	3.8	1.7	1.4	1.3	1.2	1. 1	84.8

数据来源：根据 2003—2018 年《中国对外直接投资统计公报》的数据整理得出。

3.1.3 中国 OFDI 的行业分布特征

中国对外直接投资的行业分布特征反映了中国对外直接投资的结构特征，也在一定程度上反映了中国对外直接投资的动机。表 3–8 和表 3–9 分别表示 2003—2018 年中国对外直接投资流量和存量的行业分布情况。表 3–10 表示 2003—2018 年中国对外直接投资存量的行业结构情况。

表 3-8 2003—2018 年中国对外直接投资流量的行业分布情况

单位：万美元

年份	行业																	
	农/林/牧/渔业	采矿业	制造业	电力/热力/燃气供应业等	建筑业	批发和零售业	交通运输/仓储和邮政业	住宿和餐饮业	信息传输/软件服务业等	金融业	房地产业	租赁和商务服务业	科学研究和技术服务业	水利/环境和公共设施管理业	居民服务/修理和其他服务业	教育	卫生和社会工作	文化/体育和娱乐业	公共管理/社会保障等
2003 年	8565	138000	62000	2855	2855	37115	8565	—	—	—	—	2855	—	—	—	—	—	—	—
2004 年	28866	180021	75555	7849	4795	79969	82866	203	3050	—	851	74931	1806	120	8814	—	1	98	4
2005 年	10536	167522	228040	766	8186	226012	57679	758	1479	—	11563	494159	12942	13	6279	—	—	12	171
2006 年	18504	853951	90661	11874	3323	111391	137639	251	4802	352999	38376	452166	28161	825	11151	228	18	76	—
2007 年	27171	406277	212650	15138	32943	660418	406548	955	30384	166780	90852	560734	30390	271	7621	892	75	510	—
2008 年	17183	582351	176603	131349	73299	651413	265574	2950	29875	1404800	33901	2171723	16681	14145	16536	154	—	2180	—
2009 年	34279	1334309	224097	46807	36022	613575	206752	7487	27813	873374	93814	2047378	77573	434	26773	245	191	1976	—
2010 年	53398	571486	466417	100643	162826	672878	565545	21820	50612	862739	161308	3028070	101886	7198	32105	200	3352	18648	—
2011 年	79775	1444595	704118	187543	164817	1032412	256392	11693	77646	607050	197442	2559726	70658	25529	32863	2008	639	10498	—
2012 年	146138	1354380	866741	193534	324536	1304854	298814	13663	124014	1007084	201813	2674080	147850	3357	89040	10283	538	19634	—
2013 年	181313	2480779	719715	68043	436430	1464682	330723	8216	140088	1510532	395251	2705617	179221	14489	112918	3,566	1703	31085	—
2014 年	203543	1654939	958360	176463	339600	1829071	417472	24474	316965	1591782	660457	3683060	166879	55139	165175	1355	15338	51915	—
2015 年	257208	1125261	1998629	213507	373501	1921785	272682	72319	682037	2424553	778656	3625788	334540	136773	159948	6229	8387	174751	160
2016 年	328715	193020	2904872	353599	439248	2089417	167881	162549	1366022	1491809	1524674	6578157	423806	84705	542429	28452	48719	386869	—
2017 年	250769	-370152	2950737	234401	652772	2631102	546792	-18509	443024	1878544	679506	5427321	239065	21892	186526	13372	35267	26401	—
2018 年	256258	462794	1910768	470246	361848	1223791	516057	135396	563187	2171720	306600	5077813	380199	17863	222822	57302	52480	116586	—

数据来源：根据 2003—2018 年《中国对外直接投资统计公报》的相关数据整理得出。

表 3-9 2003—2018 年中国对外直接投资存量的行业分布情况

单位：万美元

年份	行业																	
	农/林/牧/渔业	采矿业	制造业	电力/热力/燃气供应业等	建筑业	批发和零售业	交通运输/仓储和邮政业	住宿和餐饮业	信息传输/软件服务业等	金融业	房地产业	租赁和商务服务业	科学研究和技术服务业	水利/环境和公共设施管理业	居民服务/修理和其他服务业	教育	卫生和社会工作	文化/体育和娱乐业	公共管理/社会保障等
2003 年	33554	597996	205976	67108	66776	654473	199664	—	1089682	—	—	199996	—	99998	—	—	—	—	—
2004 年	83423	595137	453807	21967	81748	784327	458055	2081	119237	—	20251	1642824	12398	91109	109314	—	22	592	1434
2005 年	51162	865161	577028	28731	120399	1141791	708297	4640	132350	—	149520	1655360	60431	91002	132338	—	11	538	1803
2006 年	81670	1790162	752962	44554	157032	1295520	756819	6118	144988	1560537	201858	1946360	112129	91839	117420	228	281	2614	—
2007 年	120605	1501381	954425	59539	163434	2023288	1205904	12067	190089	1671991	451386	3051503	152103	92121	129885	1740	369	9220	—
2008 年	146762	2286840	966188	184676	268070	2985866	1452002	13669	166696	3669388	409814	5458303	198189	106289	71468	1749	369	10733	—
2009 年	202844	4057969	1359155	225561	341322	3569499	1663133	24329	196724	4599403	534343	7294900	287413	106508	96137	2123	610	13565	—
2010 年	261208	4466064	1780166	341068	617328	4200645	2318780	44986	840624	5525321	726642	9724605	396712	113343	322974	2394	3616	34583	—
2011 年	341664	6699537	2696443	714056	805110	4909363	2526131	60386	955324	6739329	898616	14229002	438838	240196	161558	6657	1715	54142	—
2012 年	496443	7478420	3414007	899210	1285604	6821188	2922653	76327	481971	9645337	958141	17569795	679276	7056	358124	16479	4676	79351	—
2013 年	717912	10617092	4197684	1119660	1944574	8764768	3222778	94743	738440	11707983	1542126	19573354	866973	34242	768855	20105	6484	110067	—
2014 年	969179	12372524	5235194	1504089	2258325	10295680	3468163	130704	1232599	13762485	2464903	32244392	1087324	133365	904271	18464	23060	159522	—
2015 年	1147580	14238131	7852826	1566310	2712412	12194086	3990552	223334	2092752	15966010	3349305	40956771	1443083	254191	1427660	28662	17536	325098	160
2016 年	1488502	15236959	10811271	2282141	3241975	16916820	4142202	419407	6480151	17734245	4610471	47399432	1972019	357469	1690188	72372	92137	791284	—
2017 年	1656194	15767026	14030075	2499090	3770399	22642713	5476795	351305	21889737	20279304	5375505	61577349	2168399	238996	1901733	328616	138880	811536	—
2018 年	1877318	17348081	18230588	3369471	4163229	23269268	6650033	440434	19357456	21789544	5734096	67546458	4424564	313108	1671529	476111	299697	1265599	—

数据来源：根据 2003—2018 年《中国对外直接投资统计公报》的相关数据整理得出。

表 3-10 2003—2018 年中国对外直接投资存量的行业结构

单位：%

年份	农/林/牧/渔业	采矿业	制造业	电力/热力/燃气供应业等	建筑业	批发和零售业	交通运输/仓储和邮政业	住宿和餐饮业	信息传输/软件服务业等	金融业	房地产业	租赁和商务服务业	科学研究和技术服务业	水利/环境和公共设施管理业	居民服务/修理和其他服务业	教育	卫生和社会工作	文化/体育和娱乐业	公共管理/社会保障等
2003 年	1.01	18.00	6.20	2.02	2.01	19.70	6.01	—	32.80	—	—	6.02	—	3.01	—	—	—	—	—
2004 年	1.86	13.29	10.13	0.49	1.83	17.52	10.23	0.05	2.66	—	0.45	36.69	0.28	2.03	2.44	—	0.00	0.01	0.03
2005 年	0.89	15.12	10.09	0.50	2.10	19.96	12.38	0.08	2.31	—	2.61	28.94	1.06	1.59	2.31	—	0.00	0.01	0.03
2006 年	0.90	19.75	8.31	0.49	1.73	14.29	8.35	0.07	1.60	17.22	2.23	21.48	1.24	1.01	1.30	0.00	0.00	0.03	—
2007 年	1.02	12.73	8.09	0.50	1.39	17.16	10.23	0.10	1.61	14.18	3.83	25.88	1.29	0.78	1.10	0.01	0.00	0.08	—
2008 年	0.80	12.43	5.25	1.00	1.46	16.23	7.89	0.07	0.91	19.95	2.23	29.67	1.08	0.58	0.39	0.01	0.00	0.06	—
2009 年	0.83	16.51	5.53	0.92	1.39	14.52	6.77	0.10	0.80	18.72	2.17	29.68	1.17	0.43	0.39	0.01	0.00	0.06	—
2010 年	0.82	14.08	5.61	1.08	1.95	13.24	7.31	0.14	2.65	17.42	2.29	30.66	1.25	0.36	1.02	0.01	0.01	0.11	—
2011 年	0.80	15.77	6.35	1.68	1.90	11.56	5.95	0.14	2.25	15.87	2.12	33.50	1.03	0.57	0.38	0.02	0.00	0.13	—
2012 年	0.93	14.06	6.42	1.69	2.42	12.82	5.49	0.14	0.91	18.13	1.80	33.03	1.28	0.01	0.67	0.03	0.01	0.15	—
2013 年	1.09	16.07	6.36	1.70	2.94	13.27	4.88	0.14	1.12	17.73	2.33	29.64	1.31	0.05	1.16	0.03	0.01	0.17	—
2014 年	1.10	14.02	5.93	1.70	2.56	11.66	3.93	0.15	1.40	15.59	2.79	36.53	1.23	0.15	1.02	0.02	0.03	0.18	—
2015 年	1.05	12.97	7.15	1.43	2.47	11.11	3.63	0.20	1.91	14.54	3.05	37.31	1.31	0.23	1.30	0.03	0.02	0.30	0.00
2016 年	1.10	11.23	7.96	1.68	2.39	12.46	3.05	0.31	4.77	13.06	3.40	34.92	1.45	0.26	1.25	0.05	0.07	0.58	—
2017 年	0.92	8.72	7.76	1.38	2.08	12.52	3.03	0.19	12.10	11.21	2.97	34.04	1.20	0.13	1.05	0.18	0.08	0.45	—
2018 年	0.95	8.75	9.20	1.70	2.10	11.74	3.35	0.22	9.77	10.99	2.89	34.08	2.23	0.16	0.84	0.24	0.15	0.64	—

数据来源：根据 2003—2018 年《中国对外直接投资统计公报》的相关数据计算得出。

从表 3-8 可以看出，中国对外直接投资流量的行业分布范围较广，涵盖的门类较齐全，但主要集中在租赁和商务服务业、金融业、批发和零售业、采矿业和制造业等几大行业，这几大行业属于第一梯队的行业。其中租赁和商务服务业的占比一直较高，从 2008 年开始，一直占中国对外直接投资流量总额的最大比重，为 1/3 左右，投资额从 2003 年的 2855 万美元增加到 2018 年的 5077813 万美元。金融业的比重处于波动状态，从 2006 年的 16.68%，下降到 2007 年的 6.29%，2008 年又上升到 25.13%，除 2011 年和 2016 年以外，其余年份占比一直在 10% 以上，投资额从 2006 年的 352999 万美元增加到 2018 年的 2171720 万美元。批发和零售业的占比虽然也处于波动状态，占比在 5.26%~24.92% 之间变化，但从整体的投资表现来看，仍然是中国对外直接投资的重要行业，2017 年所占比重达到 16.62%，投资额达到 2631102 万美元，整体的投资额从 2003 年到 2018 年增长了近 33 倍。采矿业的占比波动较明显，整体呈下降趋势，2003 年占比高达 48%，到 2018 年下降到 3.24%，投资额在 2013 年高达 2480779 万美元，占比虽然在下降，但投资总额在 2003 年的基础上增长了近 18 倍。制造业的占比，2003 年最高，达 21%，2004 年、2005 年有所下降，在 2006—2014 年，占比均在 10% 以下，2015 年之后维持在 13% 以上，其中 2017 年占比达 18.64%，投资额高达 2950737 万美元，是 2003 年的 47 倍多。占比在第二梯队的行业，有交通运输 / 仓储和邮政业、房地产业等，占比在 1%~10%。占比在第三梯队的行业，包括住宿和餐饮业、教育、卫生和社会工作，以及公共管理、社会保障等行业。这些行业的投资占比均在 1% 以下，占较少的份额。

表 3-9 和表 3-10 中的数据为中国对外直接投资存量的行业分布和行业结构，也反映了中国对外投资的行业分布特征，以及波动范围。比如，农、林、牧、渔业和制造业投资存量的占比大体低于同期投资流量的占比，而交通运输、仓储和邮政业投资存量的占比大体高于同期投资流量的占比。

根据中国对外直接投资流量和存量的行业分布和行业结构数据分析，可以看出中国对外直接投资的主要动机类型。比如，采矿业的投资额和投资占比说明在中国经济发展的过程中对资源能源的需求。比如，租赁和商务服务业、批发和零售业的投资额和投资占比情况说明了中国OFDI的市场寻求型动机，企业通过直接投资的方式获取东道国的目标市场。再比如，制造业的投资额和投资比重说明中国对外直接投资的效率寻求型动机，即获取廉价的劳动力，节约成本，提高企业的生产率。在科学研究和技术服务业的投资中，投资额和投资占比较小，但整体呈增长的趋势，这也说明中国对外投资的战略资产获取型动机不断增强。总的来看，中国对外直接投资的动机逐步趋于多元化，但主要包括资源获取型、市场驱动型、效率驱动型、要素驱动型以及战略资产获取型，但以资源获取型、市场驱动型、效率驱动型为主。

从图3-3、图3-4、图3-5可以看出，2003年、2013年和2018年中国对外直接投资高度集中于第二产业和第三产业，二者累计占比分别高达97%、98%、98%。在2003年，中国对外直接投资中，第二产业的投资占比较大，达78%，主要是采矿业和制造业两大行业的投资。到2013年，第一产业的投资比重变化不大，略有下降，但第二产业的投资比重变化较大，呈大幅下降的趋势，而第三产业的投资比重逆势大幅上升，主要涉及的行业有租赁和商务服务业、批发和零售业以及金融业等。相较于2013年，2018年的第二产业的比重为22%，整体下降了12个百分点，第三产业的比重却逐步上升，高达76%，仍然是租赁和商务服务业、批发和零售业以及金融业等方面的投资额较多。这也表明第三产业的投资是中国对外直接投资的主要产业。

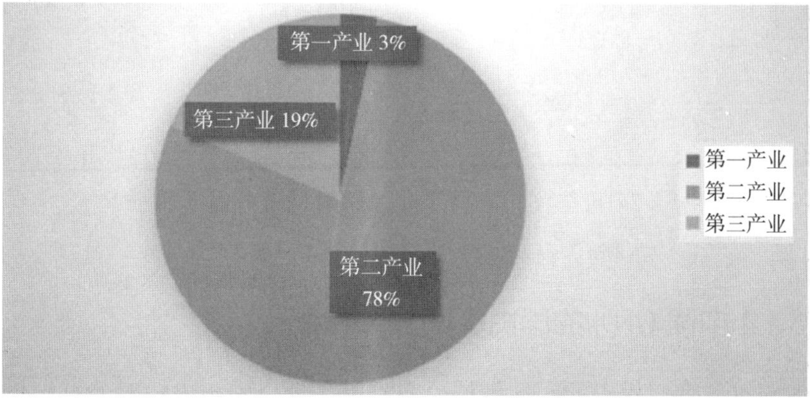

图3-3 2003年按三次产业分组的对外直接投资流量比重

数据来源：《2003年中国对外直接投资统计公报》

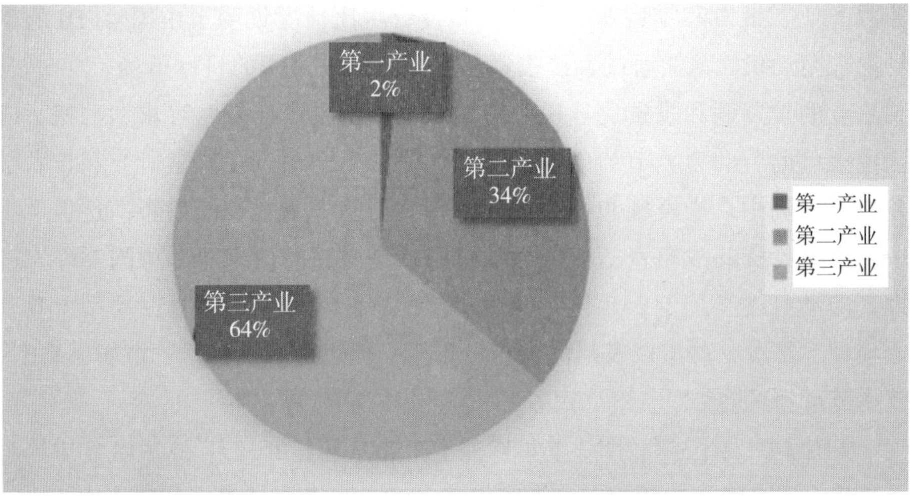

图 3-4 2013 年按三次产业分组的对外直接投资流量比重

数据来源：《2013 年中国对外直接投资统计公报》

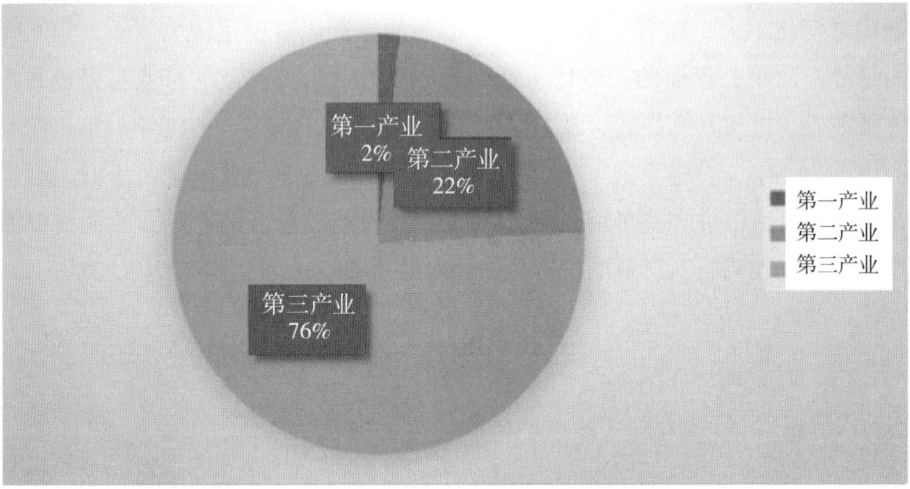

图 3-5 2018 年按三次产业分组的对外直接投资流量比重

数据来源：《2018 年中国对外直接投资统计公报》

3.1.4 中国 OFDI 的国内区域分布特征

中国对外直接投资的国内区域分布特征主要反映出中国对外直接投资的国内地区差异。表 3-11 和图 3-6 分别表示中国不同的区域非金融类对外直接投资所占份额比较及发展变化趋势。

表 3-11 2008—2018 年中国三大区域对外直接投资流量所占份额汇总

单位：%

年份	区域			年份	区域		
	东部	中部	西部		东部	中部	西部
2008 年	70.58	8.56	20.86	2014 年	81.80	6.30	11.90
2009 年	71.58	16.47	11.95	2015 年	85.20	6.80	8.00
2010 年	78.37	8.24	13.39	2016 年	85.60	6.70	7.70
2011 年	74.00	13.03	12.97	2017 年	76.70	8.80	14.50
2012 年	74.41	9.43	16.16	2018 年	77.20	10.30	10.20
2013 年	80.25	9.78	10.04				

数据来源：根据 2008—2018 年《中国对外直接投资统计公报》的数据整理得出。

注：表中数据均为非金融类投资占比。

从表 3-11 中可以看出，2008—2018 年中国东部地区的对外直接投资占比较大，均在 70% 以上的水平。其中 2016 年占比高达 85.60%，而中部地区占比只有 6.70%，西部地区占比只有 7.70%，差距较大。中部地区的对外直接投资份额，在 6.30%~16.47% 之间波动。西部地区的对外直接投资份额波动明显，2008 年的投资份额达 20.86%，2018 年回落到 10.20%。从整体来看，东部地区的对外直接投资，不管是从流量上看，还是从存量上看，均占据绝对的优势地位，而广大中部和西部地区的对外直接投资整体水平还处于低位。

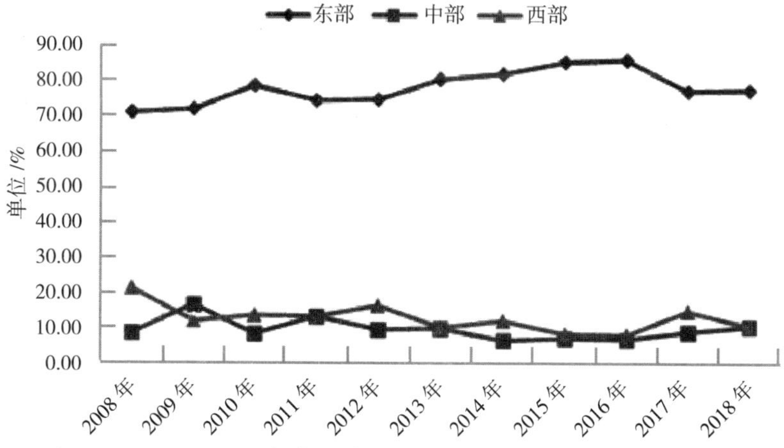

图 3-6 2008—2018 年中国东、中、西部对外直接投资流量所占比重发展趋势图

数据来源：根据 2008—2018 年《中国对外直接投资统计公报》的数据整理得出。

注：表中数据均为非金融类投资占比

从图 3-6 来看，2008—2018 年，东部地区的对外直接投资份额占比相对比较稳定，整体在逐渐上升。中部地区的对外直接投资份额占比略有上升。西部地区的对外直接投资份额在下降后又有所回升。所以，东部和中部、西部地区对外投资的地区差距明显。

表 3-12、表 3-13 中的数据为 2003—2018 年中国各省（自治区、直辖市）对外直接投资流量占比和流量数据的排名情况，由于篇幅限制，只展示排名前十位的省（自治区、直辖市）。从表 3-12 来看，2003—2018 年，对外直接投资额排名前十位的省、自治区、直辖市总体占比呈下降趋势，由 2003 年占比 95.34%，下降到 2018 年的 79.40%。一方面，说明中国各省（自治区、直辖市）参与对外直接投资的比例在逐渐变化；另一方面，也说明中国对外直接投资的地区不均衡的问题还比较突出。对外直接投资额排名前三的省（自治区、直辖市）中，广东省的对外直接投资表现一直坚挺，除 2010 年外，其余年份均在前三名之列，在 2006—2008 年、2011—2014 年连续排名第一。广东省的对外直接投资份额整体平稳，从 2003 年的 12.62% 到 2018 年的 16.40%，投资额总体水平保持较高位，从 2003 年的 0.96 亿美元，上升到 2018 年的 160.6 亿美元。其次是上海市，除了少数年份外，其余年份均位居前三，投资额从 2003 年的 0.52 亿美元，增加到 2018 年的 153.3 亿美元。再次是北京市和山东省，投资额和投资占比均保持在一定的水平。另有浙江省和江苏省，从 2003—2018 年，一直位居前十的行列，投资额占比虽有所波动，但整体呈增长的态势。辽宁省在大多数年份进入前十的行列，但在 2016 年、2017 年和 2018 年这三年均未进入前十的行列。黑龙江省只在 2008 年前进入过前十之列，2008 年之后均未进入。此外，山西省、甘肃省、湖北省、云南省、河北省、河南省等只在少数年份位居前十之列，大多数年份排名在前十之外。

表 3-12 2003—2018 年中国对外直接投资流量占比排名前十位的省（自治区、直辖市）

单位：%

年份	北京市	广东省	山东省	福建省	上海市	山西省	浙江省	江苏省	辽宁省	黑龙江省	合计
2003年	39.69	12.62	11.73	8.14	6.90	6.03	4.84	3.29	1.12	0.98	95.34
年份	上海市	北京市	广东省	山东省	浙江省	江苏省	黑龙江省	辽宁省	新疆维吾尔自治区	吉林省	合计
2004年	21.14	16.18	14.28	7.73	7.43	5.89	5.80	4.26	3.38	2.97	89.06
年份	上海市	广东省	黑龙江省	山东省	浙江省	北京市	江苏省	河北省	河南省	福建省	合计
2005年	32.41	10.06	8.09	7.73	7.69	5.50	5.26	4.15	4.15	2.07	87.11
年份	广东省	上海市	黑龙江省	浙江省	山东省	江苏省	辽宁省	福建省	湖南省	北京市	合计
2006年	26.28	18.72	9.09	8.98	5.28	5.17	4.05	4.00	2.47	2.34	86.38
年份	广东省	上海市	江苏省	浙江省	福建省	四川省	新疆维吾尔自治区	山东省	黑龙江省	甘肃省	合计
2007年	21.72	9.95	9.88	7.68	7.01	5.54	4.02	3.60	3.40	2.92	75.72
年份	广东省	江苏省	山东省	北京市	浙江省	甘肃省	上海市	云南省	湖南省	黑龙江省	合计
2008年	21.14	8.40	8.08	8.05	6.60	6.09	5.74	4.84	4.33	3.88	77.15
年份	上海市	湖南省	广东省	江苏省	辽宁省	山东省	浙江省	北京市	福建省	山西省	合计
2009年	12.59	10.47	9.61	8.86	7.89	7.34	7.31	4.71	3.81	3.47	76.06

续表

年份	浙江省	辽宁省	山东省	广东省	上海市	江苏省	安徽省	北京市	四川省	福建省	合计
2010年	15.09	10.91	10.65	9.01	8.93	7.72	4.59	4.32	3.89	3.01	78.12
年份	广东省	山东省	江苏省	浙江省	上海市	海南省	湖南省	北京市	辽宁省	湖北省	合计
2011年	15.42	10.5	9.57	7.87	7.80	5.18	4.99	4.99	4.86	3.01	74.19
年份	广东省	山东省	上海市	江苏省	辽宁省	浙江省	北京市	甘肃省	云南省	海南省	合计
2012年	15.46	10.10	9.69	9.15	8.08	6.90	4.94	4.04	3.04	2.91	74.31
年份	广东省	山东省	北京市	江苏省	上海市	浙江省	辽宁省	天津市	福建省	河北省	合计
2013年	16.32	11.71	11.34	8.29	7.35	7.01	3.56	3.08	2.61	2.55	73.82
年份	广东省	北京市	上海市	天津市	江苏省	山东省	浙江省	辽宁省	四川省	云南省	合计
2014年	19.91	13.29	9.12	7.58	7.44	7.16	7.06	2.70	2.53	2.31	79.1
年份	上海市	北京市	广东省	江苏省	山东省	浙江省	福建省	天津市	辽宁省	安徽省	合计
2015年	24.77	13.12	13.10	7.75	7.60	7.59	2.95	2.70	2.27	2.21	84.06
年份	上海市	广东省	天津市	北京市	山东省	浙江省	江苏省	河南省	福建省	河北省	合计
2016年	15.92	15.26	11.92	10.35	8.65	8.18	8.11	2.74	2.74	2.00	85.87
年份	上海市	广东省	浙江省	山东省	北京市	重庆市	江苏省	海南省	福建省	天津市	合计
2017年	15.10	13.60	12.40	9.10	7.70	5.80	5.10	3.60	3.30	2.70	78.4
年份	广东省	上海市	浙江省	山东省	北京市	江苏省	福建省	河南省	海南省	天津市	合计
2018年	16.40	15.60	12.50	6.80	6.60	6.20	4.60	3.90	3.40	3.40	79.4

数据来源：根据 2003—2018 年《中国对外直接投资统计公报》的数据整理得出。

注：表中数据均为非金融类投资占比。

表 3-13 2003—2018 年中国对外直接投资流量数据排名前十位的省（自治区、直辖市）

单位：亿美元

年份	北京市	广东省	山东省	福建省	上海市	山西省	浙江省	江苏省	辽宁省	黑龙江省
2003 年	3.01	0.96	0.89	0.62	0.52	0.46	0.37	0.25	0.08	0.07
年份	上海市	北京市	广东省	山东省	浙江省	江苏省	黑龙江省	辽宁省	新疆维吾尔自治区	吉林省
2004 年	2.06	1.57	1.39	0.75	0.72	0.57	0.56	0.41	0.33	0.29
年份	上海市	广东省	黑龙江省	山东省	浙江省	北京市	江苏省	河北省	河南省	福建省
2005 年	6.67	2.07	1.66	1.59	1.58	1.13	1.08	0.85	0.85	0.43
年份	广东省	上海市	黑龙江省	浙江省	山东省	江苏省	辽宁省	福建省	湖南省	北京市
2006 年	6.30	4.49	2.18	2.15	1.27	1.24	0.97	0.96	0.59	0.56
年份	广东省	上海市	江苏省	浙江省	福建省	四川省	新疆维吾尔自治区	山东省	黑龙江省	甘肃省
2007 年	11.41	5.23	5.19	4.03	3.68	2.91	2.11	1.89	1.79	1.54
年份	广东省	江苏省	山东省	北京市	浙江省	甘肃省	上海市	云南省	湖南省	黑龙江省
2008 年	12.43	4.94	4.75	4.73	3.88	3.58	3.37	2.85	2.54	2.28
年份	上海市	湖南省	广东省	江苏省	辽宁省	山东省	浙江省	北京市	福建省	山西省
2009 年	12.09	10.06	9.23	8.51	7.58	7.04	7.02	4.52	3.66	3.33

续表

年份	浙江省	辽宁省	山东省	广东省	上海市	江苏省	安徽省	北京市	四川省	福建省
2010 年	26.79	19.36	18.90	16.00	15.85	13.71	8.14	7.66	6.91	5.35
年份	广东省	山东省	江苏省	浙江省	上海市	海南省	湖南省	北京市	辽宁省	湖北省
2011 年	36.33	24.73	22.54	18.53	18.38	12.20	11.76	11.75	11.44	7.09
年份	广东省	山东省	上海市	江苏省	辽宁省	浙江省	北京市	甘肃省	云南省	海南省
2012 年	52.88	34.56	33.16	31.30	27.63	23.60	16.89	13.82	10.40	9.95
年份	广东省	山东省	北京市	江苏省	上海市	浙江省	辽宁省	天津市	福建省	河北省
2013 年	59.43	42.65	41.30	30.20	26.75	25.53	12.95	11.20	9.52	9.28
年份	广东省	北京市	上海市	天津市	江苏省	山东省	浙江省	辽宁省	四川省	云南省
2014 年	108.97	72.74	49.92	41.46	40.70	39.16	38.62	14.79	13.82	12.62
年份	上海市	北京市	广东省	江苏省	山东省	浙江省	福建省	天津市	辽宁省	安徽省
2015 年	231.83	122.80	122.63	72.50	71.10	71.08	27.57	25.27	21.22	20.67
年份	上海市	广东省	天津市	北京市	山东省	浙江省	江苏省	河南省	福建省	河北省
2016 年	239.68	229.62	179.40	155.74	130.24	123.14	122.02	41.25	41.19	30.13
年份	上海市	广东省	浙江省	山东省	北京市	重庆市	江苏省	海南省	福建省	天津市
2017 年	129.90	117.70	106.60	78.80	66.50	50.30	43.60	31.50	28.30	23.10
年份	广东省	上海市	浙江省	山东省	北京市	江苏省	福建省	河南省	海南省	天津市
2018 年	160.60	153.30	122.80	66.90	64.70	61.00	45.40	38.60	33.80	33.70

数据来源：根据 2003—2018 年《中国对外直接投资统计公报》的数据整理得出。

注：表中数据均为非金融类投资占比。

总的来看，中国不同地区对外直接投资差距较大，东部沿海地区的对外直接投资远远高于中、西部地区。同时，同一地区不同的省份之间，差距也较明显。不同省（自治区、直辖市）的对外直接投资差异性也比较突出，如广东省、北京市、上海市、江苏省、浙江省、山东省等省市在全国处于领先地位，占比和投资额相对较高，而其他省（自治区、直辖市）的投资额和投资占比均比较小。以 2018 年为例，对外直接投资流量排名第一的广东省和排名第七的福建省，两省投资额相差 115.20 亿美元，几乎是同期海南省投资额的 3 倍。

3.1.5 中国 OFDI 的主体结构

从表 3-14 可知，2016 年以前中国对外直接投资的国有企业占较大的比重，虽然该比重呈逐年下降趋势，但仍然占据 50% 以上的份额，至 2017 年后，下降到 50% 以下。非国有企业的投资占比逐年扩大。其中，私营企业的投资占比在 2016 年增长迅猛，投资占比相较于 2008 年增长了 8 倍多。股份有限公司的投资占比稳中有升，占比由 2008 年的 6.6% 增加到 2018 年 8.8%。有限责任公司的投资占比仅次于国有企业，在 2015 年前的投资占比均在 20% 以上的水平，在 2014 年达到最高值，为 33.2%。从 2016 年开始，有限责任公司的投资占比下降到 20% 以下。港澳台投资企业和外商投资企业的投资占比较小，2008—2018 年逐步缓慢增长，其中在 2016 年增长迅速。股份合作企业的投资占比呈现出先升后降的局面，在 2012 年达到最高值 2.9% 后，开始回落，到 2018 年，占比仅为 0.5%。集体企业的投资份额一直稳定在较低的水平，占比维持在 0.1%~0.4%。从 2017 年、2018 年的数据来看，个体经营的对外直接投资份额，虽然与国有企业的差距还是很大，但所占份额与私营企业相当。

总的来看，中国对外直接投资的主体以国有企业为主，国有企业对外直接投资的份额始终高于非国有企业的对外直接投资额，但二者之间的差距在缩小。以上数据说明，中国对外直接投资主体的结构仍然不合理，有待进一步完善，应向促进投资主体多元化方向发力。

表 3-14 2008—2018 年中国各类企业对外直接投资存量占比

单位：%

年份	注册公司类型									
	国有企业	有限责任公司	股份有限公司	私营企业	个体经营	港澳台地区投资企业	外商投资企业	股份合作企业	集体企业	其他
2008 年	69.6	20.1	6.6	1.0	—	0.1	0.8	1.2	0.4	0.2
2009 年	69.2	22.0	5.6	1.0	—	0.1	0.5	1.0	0.3	0.3
2010 年	66.2	23.6	6.1	1.5	—	0.1	0.7	1.1	0.2	0.5
2011 年	62.7	24.9	7.6	1.7	—	0.2	0.9	1.6	0.2	0.2
2012 年	59.8	26.2	6.6	2.2	—	0.3	1.1	2.9	0.2	0.7
2013 年	55.2	30.8	7.5	2.2	—	0.4	1.2	2.0	0.1	0.6
2014 年	53.6	33.2	7.7	1.6	—	0.3	1.2	1.5	0.1	0.8
2015 年	50.4	32.2	8.7	2.1	—	0.4	1.5	1.7	0.3	2.7
2016 年	54.3	17.8	8.6	8.7	—	3.5	3.5	0.7	0.3	2.6
2017 年	49.1	16.4	8.7	6.9	7.4	5.8	3.0	0.5	0.3	1.9
2018 年	48.0	17.7	8.8	7.1	5.9	5.4	3.1	0.5	0.3	3.2

数据来源：根据 2008—2018 年《中国对外直接投资统计公报》的数据整理得出。

注：表中数据均为非金融类投资占比。

3.2 "一带一路"背景下中国 OFDI 的发展现状

"一带一路"倡议，是中国基于新的国际形势和国内发展现状而提出的，具有经济全球化新时代特征的重要举措。随着"一带一路"倡议的逐步落实、对外投资便利化进程不断加快，中国企业在进行国际化成长历练的过程中，内生动力也日益得到增强。自"一带一路"倡议提出以来，中国对沿线国家的直接投资不断增加，投资的增长速度也高于其他地区。

3.2.1 中国对"一带一路"沿线国家 OFDI 的发展规模

据中华人民共和国商务部 2013—2018 年《中国对外直接投资统计公报》的数据可知，2013—2018 年，短短几年时间，中国在"一带一路"沿线国家累计直接投资额高达 986. 2 亿美元。从 2013 年至 2018 年，中国对"一带一路"沿线国家的直接投资流量虽上扬后又有所回落，但整体流量占比，除2016年外，均保持在11%以上，其中2015年占比达到13%。中国在“一带一路”沿线国家的OFDI存量呈逐年增长的趋势。其中，至2014年年末，中国对“一带一路”合作沿线国家的OFDI存量，数额高达924.6亿美元，占同期中国OFDI存量总量的10.5%。2018年年末，中国对“一带一路”沿线国家的直接投资存量，几乎是2014年的2倍，达到1727.7亿美元，占同期中国对外直接投资存量的8.7%。具体见表3-15。

表3-15 2013—2018年中国对“一带一路”沿线国家直接投资情况汇总

年份	流量/亿美元	占比/%	存量/亿美元	占比/%
2013年	126.3	11.71		
2014年	136.6	11.09	924.6	10.50
2015年	189.3	13.00	1156.8	10.50
2016年	153.4	7.82	1294.1	9.50
2017年	201.7	12.74	1543.98	8.50
2018年	178.9	12.51	1727.7	8.70

数据来源：根据2013—2018年《中国对外直接投资统计公报》的数据整理得出。

3.2.2 中国对“一带一路”沿线国家OFDI的国别分布特征

中国对“一带一路”沿线国家直接投资前十位的国家见表3-16。从表中的信息可知，排名前十位的“一带一路”沿线国家中，东盟国家占据重要的位置，其中新加坡稳居鳌头。东盟国家中的新加坡、印度尼西亚、马来西亚、老挝、柬埔寨、泰国、越南这七国活跃于榜单，在积极响应中国的“一带一路”倡议、吸引来自中国的投资方面表现出色。一方面，这是由于中国—东盟经贸往来长期积累的结果；另一方面，东盟作为中国的邻国，在参与中国的“一带一路”合作过程中，表现出其他国家所没有的优势。除东盟国家外，阿联酋、印度、土耳其、俄罗斯、哈萨克斯坦、巴基斯坦和以色列等国在吸引来自中国的直接投资方面也表现突出。

表 3-16 2015—2018 年中国在“一带一路”沿线国家直接投资额排名前十的国家

名次	2015 年		2016 年		2017 年		2018 年	
	流量	存量	流量	存量	流量	存量	流量	存量
第一	新加坡	新加坡	新加坡	新加坡	新加坡	新加坡	新加坡	新加坡
第二	俄罗斯	俄罗斯	以色列	俄罗斯	哈萨克斯坦	俄罗斯	印度尼西亚	俄罗斯
第三	印度尼西亚	印度尼西亚	马来西亚	印度尼西亚	马来西亚	印度尼西亚	马来西亚	印度尼西亚
第四	阿联酋	哈萨克斯坦	印度尼西亚	老挝	印度尼西亚	哈萨克斯坦	老挝	马来西亚
第五	印度	老挝	俄罗斯	哈萨克斯坦	俄罗斯	老挝	越南	老挝
第六	土耳其	阿联酋	越南	越南	老挝	巴基斯坦	阿联酋	哈萨克斯坦
第七	越南	缅甸	泰国	阿联酋	泰国	缅甸	柬埔寨	阿联酋
第八	老挝	巴基斯坦	巴基斯坦	巴基斯坦	越南	柬埔寨	俄罗斯	柬埔寨
第九	马来西亚	印度	柬埔寨	缅甸	柬埔寨	阿联酋	泰国	泰国
第十	柬埔寨	柬埔寨	哈萨克斯坦	泰国	巴基斯坦	泰国	孟加拉国	越南

数据来源：根据 2015—2018 年《中国对外直接投资统计公报》的数据整理得出。

3.2.3 中国对“一带一路”沿线国家 OFDI 的国内区域分布特征

虽然 2015 年 3 月发布的《推动共建丝绸之路经济带和 21 世纪海上丝绸之路的愿景与行动》中“一带一路”规划包含的重点省、市及自治区共有 18 个（新疆维吾尔自治区、陕西、宁夏回族自治区、甘肃、青海、内蒙古自治区、黑龙江、吉林、辽宁、广西壮族自治区、云南、西藏自治区、上海市、福建、浙江、广东、海南、重庆市），但未在“一带一路”规划中包含的省份和地区在参与“一带一路”投资项目的过程中同样表现出色。根据《“一带一路”大数据报告（2016）》的内容可知，山东、云南、广东、四川、北京五省市排位在前列，81.7% 的省市 OFDI 额高于 10 亿美元，77.42% 的省市 OFDI 增速高于 20%。

比如，安徽省积极响应国家“一带一路”倡议，在 2020 年上半年，共在印度尼西亚、越南、缅甸、俄罗斯等 11 个“一带一路”沿线国家投资 5869 万美元，同比增长 99%。重庆市作为“一带一路”规划的重点省市，2018 年，对“一带一路”沿线 14 个国家新增投资相当可观，达到 6376 万美元。山东省一直积极参与“一带一路”投资合作项目，2018 年仅前 10 个月，对“一带一路”沿线国家（地区）实际投资高达 82.6 亿元，同比增长 14.9%。广东省也是积极参与“一带一路”投资合作项目的重点省份，2018 年 1—9 月，仅广州对“一带一路”沿线国家投资就新增了 20 家企业。

3.3 小　结

本章主要对中国对外直接投资的历史阶段和发展进程进行了分析和梳理，主要包括改革开放以来中国对外直接投资的发展历程、区域和国别分布、行业分布、国内区域分布和主体结构等。同时，还对中国在“一带一路”沿线国家的直接投资的现状进行了梳理和总结。总的来看，中国对外直接投资呈现出如下几个方面的特征：首先是中国对外直接投资的增长速度较快，但从投资规模来看，投资的整体水平相对偏低；其次是中国对外直接投资的区域、国别分布不均匀，虽然中国企业目前已在全球 90% 以上的国家（地区）进行直接投资，但投资主要流向亚洲和拉丁美洲；再次是中国对外直接投资的行业分布呈现出不均衡的特征，传统产业和高科技行业的差距较大；从次是中国对外直接投资的国内区域分布不平衡，纵观中国对外直接投资的流量和存量数据，均呈现出东高西低的特征，东、中、西部地区差距明显；最后是中国对外直接投资的主体结构有待优化，尽管近几年，国有企业占比下降，但仍然占据较大比重，非国有企业的投资份额仍然相对较少。

对于中国在“一带一路”沿线国家的投资情况，2013—2018年，中国对沿线国家的直接投资，年均增长率为5.2%。“一带一路”倡议提出以来，中国的对外直接投资已经取得了较大成效，不管是投资的规模还是投资的力度都较此前有明显提升，投资模式和投资结构也逐步得到更新和优化。但也存在诸如投资目的地比较集中、投资的融资渠道受限受阻等问题。在高质量推进“一带一路”建设的过程中，在“一带一路”背景下，中国对外直接投资的成效问题也将得到进一步的关注，前期投资中的部分问题已经逐步得到解决，而新的问题也将不断出现。那么，“一带一路”背景下中国对外直接投资的项目质量的提升，对于用动态的思维和创新的思路去面对和解决“一带一路”合作项目投资中的问题等方面就提出了更高的要求。

第四章 “一带一路”背景下中国OFDI对母国的创新效应研究

“一带一路”倡议的提出和推进为中国企业参与国际化的进程、完成国际化的成长提供了重要的新机遇和广阔的发展平台，同时，也对企业提出了新的要求。尤其是在当前推进高质量建设“一带一路”的背景下，中国企业参与对外直接投资，除了培育企业自身的核心竞争力之外，还肩负着提高国家整体竞争力和影响力的重任。那么，对于参与 OFDI 的企业而言，不仅要融入国际分工体系，更要逐步促进其在全球价值链中的地位向中高端攀升，并且逐步提升国家整体在全球创新链中的地位和参与度。这是提升各类“一带一路”投资合作项目的质量和投资成效的重要内容，也是推进“一带一路”背景下中国 OFDI 行稳致远的重要方面。

4.1 问题背景

随着国际投资规模的不断扩大，国家在国际投资领域的作用呈现出明显增强的趋势，对外直接投资对母国资本形成的作用和宏观经济的影响逐渐增强（裴长洪和郑文，2011）。近年来，“一带一路”合作的深入推进，“一带一路”沿线国家已成为中国 OFDI 的热点区域。中国 OFDI 过程中传统的目的地偏好选择正在逐渐改变。这种转变受众多因素的影响，尤其是对外直接投资的动机的变化。中国作为最大的发展中国家和世界第二大经济体，其 OFDI 目的地选择的特征明显区别于其他国家和地区。在已有的研究中，Hymer（1960）认为，发达国家在选择 OFDI 目的地时会选择能让它们在最大限度上发挥其竞争优势的目标国。与西方国家跨国公司相比，中国企业在海外目的地进行直接投资时，并不是选择开发已有的竞争优势，而是去弥补现有的竞争劣势（Child 和 Rodrigues，2005；Cui 和 Jiang，2010；Berning et al.，2012）。当前国际竞争的实质是以经济实力和科技实力为基础的综合国力的竞争，归根结底，是一国创新能力的竞争。在世界经济论坛发布的最新的《2019年全球竞争力报告》中，中国名列第 28 位。其中排名领先的经济体具有的一个共同特征就是在促进创新方面进行较大的投资。因此，对外直接投资作为提升一国竞争力的实现途径之一，在当前高质量推进"一带一路"建设的过程中，被赋予了新的内涵。

魏守华（2008）认为一个国家的创新能力取决于创新基础设施、产业集群的创新环境、科技与产业部门联系的质量和国际技术溢出的吸收能力。其中对外直接投资是促进产业集群的创新环境和获取国际技术溢出的重要渠道。通过对外直接投资获得技术进步与技术创新，已成为一国培育其核心竞争力和打造其竞争优势的重要途径。利用 OFDI 的逆向技术溢出效应（陈菲琼 等，2013；卢汉林和冯倩倩，2016；郑展鹏和王洋东，2017）、产业分离效应和需求拉动效应（彭澎 等，2018）等在推动本国的技术创新和全球价值链的提升等方面发挥着积极的促进作用。

当前国家发展向创新驱动转变，在"一带一路"背景下，对外直接投资目的地和对外直接投资动机发生调整和转变，投资效应发生了怎样的变化呢？是否能够对本国的创新能力和创新水平提升等方面产生正向的积极影响？这不仅关系到如何更好地推进中国对外直接投资的问题，更是推进国家高质量发展、建设创新型强国的重要方面。当前新的国际形势复杂，全球性突发事件频发，如，世界经济持续下行，全球化与反全球化浪潮此消彼长；英国脱欧，大国关系日益复杂；新工业革命方兴未艾，多种重大颠覆性技术涌现；恐怖主义盛行，全球性的公共卫生突发事件悬而未决，宏观环境更趋复杂。各国在对外开放的过程中，如何在新的形势和时代背景下，做出适当的调整，来适应各方面的变化，用创新的思路、创新的方法、创新的模式实现创新的发展，取得创新的成果，巩固现有的经济基础和发展水平，是非常紧迫且非常重要的一个方面。那么，在新的形势下，对于对外直接投资所能产生的创新效应的探讨因此具有现实的指导意义。

在“一带一路”倡议的推进过程中，参与国家的数量逐渐增加，参与活动的范围逐步扩大，中国在全球的影响力也持续增强。“一带一路”背景下中国对外直接投资的政治效应、经济效应、文化效应和社会效应也在中国特定优势的影响下正发挥着积极的影响作用。

白洁（2009）认为企业在参与全球化的过程中通过在海外设立研发机构或者通过在海外并购拥有核心技术的企业，不仅可以整合全球的资源和要素，获取全球先进的技术，然后通过逆向技术溢出效应让国内企业受益，带来技术升级和产业升级，促进我国技术的进步。对外直接投资因此已成为提升中国创新产出、提高中国创新能力和水平的第三大主渠道（刘宏 等，2019）。

已有的文献中对于 OFDI 所产生的影响效应的考量，多是单纯地从经济层面即贸易量的增加、投资量的增长和收入的提高等方面来衡量。这些指标的考量对于目前中国的发展阶段和时代特征，不足以充分反映出 OFDI 对于中国的投资效应。而 OFDI 除了带来经济方面的增长外，还能带来创新方面的成效。比如，提升一国在全球价值链中的参与程度和地位，引导国内产业向高新技术产业和高端制造业方向发展，提升中国产业品牌形象，促进全球价值链地位的攀升（余鹏翼和曾楚宏，2016）和全球创新链地位的升级，提高中国的国际地位和影响力。这些也更能凸显中国高质量发展的要求和特征。因此，本章以创新效应为主，来衡量中国 OFDI 对本国所产生的影响效应。

4.2 理论分析

对外直接投资的动机决定了对外直接投资的效应。根据 Buckley 等（2007）、Dunning 和 Lundan（2008）对对外直接投资动机的划分，“一带一路”背景下中国对外直接投资主要有市场寻求动机、资源获取型动机、效率寻求型动机、战略资产寻求型动机等。“一带一路”背景下中国对外直接投资在不同的投资目的地有不同的投资动机，因而产生不同的投资效应。通过不同的投资效应，对创新能力和水平的影响又有所不同。具体来看，“一带一路”背景下中国对外直接投资的创新效应，可以通过产业转移效应、逆向技术溢出效应、产业聚集效应、需求拉动效应、竞争效应和特定优势整合效应等途径得以实现。

（1）产业转移效应

“一带一路”背景下的中国对外直接投资，特别是中国在“一带一路”沿线国家的对外直接投资，有一部分为效率寻求型对外直接投资，即将部分过剩的产能消化到处于刚性需求的东道国，或者将相对已经失去比较优势的产业，或者落后的生产环节转移到目前还处于发展中的东道国。当企业认为国内产业趋于饱和时，在对外直接投资的过程中，会将产业转移到高市场潜力的国家，这不仅有助于开拓新的市场，而且调整了本国的产业结构（Luo 和 Tung，2018）。那么在这个过程中，一方面，可以通过产业链协同创新实现专业化的生产，为技术开发和自主创新能力的提升提供相应的条件；另一方面，将部分国内的产业转移到其他国家之后，现有的生产要素有更多的空间进行合理的布局，为技术创新、产品创新、企业创新、区域创新等提供良好的外部环境。

（2）逆向技术溢出效应

中国对外直接投资动机的一个重要方面是战略资产寻求动机，资产包括技术、管理和分销渠道（Buckley，2018）。中国企业作为“后来者”，为了赶超全球巨头，迫切需要资产寻求型 OFDI（Deng，2007）。比如，在工资水平较高和工业化发达的国家和地区进行较多的投资，因为这类目的地有较为优良的投资环境，高水平的技术和先进的管理方法（Deng，2007）。比如在发达国家投资高水平技术制造业和高知识密集型产业（Chang，2014），一方面，通过对外直接投资获得包括先进的专有技术在内的战略型资产，提升整体投资能力；另一方面，通过把这些资产寻求型的对外直接投资投向具有显著优势的经济体，特别是工业化国家，以此来促进企业提高其竞争力（Buckley et al.，2007）。在这个过程中，企业通过主动吸收国外先进的技术，在学习和模仿的基础上，促进这些先进的技术在经历技术变革的发展之后，逐渐演变成标准的技术，进而逐步掌握这些新技术。这些都为提高一国整体的技术开发的能力和水平，以及自主创新能力的提升奠定了相应的基础。

（3）产业集聚效应

“一带一路”背景下的 OFDI，尤其是对“一带一路”沿线国家基础设施建设方面的投资，周期长，资金需求量大，完全不同于传统的对外直接投资项目，因此对企业的资源整合能力、产业协调能力、投资能力等方面提出了更高更新的要求。以优化和整合资源模式下的“抱团出海”成为“一带一路”背景下，中资企业“走出去”的重要方式。这不仅有利于产业链分工合作，整合上、下游企业的优质生产要素和资源，实现要素和资源的有效利用和配置，更能在产业内形成新的集聚，促进产业内部与产业之间创新能力和水平的提升。

随着产业转移效应和逆向技术溢出效应的发挥，参与对外直接投资的母国企业的产品质量将会受到相应的积极影响。在这种积极影响的感召下，国内市场需求进一步得到激活，国内市场的培育和深化也进一步被推动（景光正和李平，2016），更能带动企业上、下游关联企业，在新的要素配置和比较优势的基础上，形成新的产业集聚，使得企业在强化现有产品的生产模式的基础上，实现创新能力和水平的提升。

（4）需求拉动效应

首先，母国企业在对外直接投资的过程中，通过深入东道国，了解并掌握东道国当地消费者的偏好，提升产品质量和产品层次，从而带动和拉升东道国消费者的需求。其次，OFDI 的产业转移效应，可以使母国的企业在投入先进的生产环节方面有更多的发展空间，母国企业的产品质量也将有所提高，那么在这个过程中母国国内的需求将得到增强（景光正和李平，2016）。再次，企业在参与对外直接投资的过程中，所获得的逆向技术溢出会随着对外直接投资规模的扩大逐步显现，那么，这种逆向技术溢出将为企业新产品的打造和现有产品质量的升级提供更多的便利，从而进一步刺激母国国内的消费需求。不管是母国国内的需求拉动效应，还是东道国的需求拉动效应，二者在联动的过程中，将促进企业的创新能力提升。而企业在与其上、下游关联企业的加强联系的过程中，又将这种创新的诉求再次重现，从而会在本地市场形成由需求拉动的创新效应。

（5）竞争效应

企业在对外直接投资的过程中，参与国际竞争，一方面要应对本国企业的挑战；另一方面要在国际市场上与同类竞争者展开激烈的角逐。这就促使企业为保持一定的竞争实力和一定的市场占有率，会有较强的动力去增大研发投入力度，采用先进的生产技术，对现有的生产流程和工艺进行改造和升级，提升企业自身的创新能力和水平。同时，企业在与技术较为先进的同类竞争者正面交锋的过程中，通过示范效应和学习效应，可以使企业在短期内获得显性知识和隐性知识的累积，在跟踪行业领域内最新科技发展动态的过程中（赵宸宇和李雪松，2017），积累创新资源和创新要素，为提升企业的创新能力和创新水平提供重要的条件。

（6）特定优势整合效应

在对外直接投资的过程中，企业根据自身的特定优势选择东道国时，如能将企业自身的优势、母国的特定优势以及东道国的特定优势有机融合，将会发挥特定优势整合效应，使得对外直接投资能更好地发挥积极的影响效应。杨锐和刘志彪（2015）认为企业技术能力的提升是企业有目的投资和努力的产物和结果，它不是自然而然地出现的，且对于发展中国家而言，企业的这种技术能力提升活动还受到一国在全球价值链中的地位的约束和影响，即使完全依赖于企业自身的内驱力，所花费的时间周期也相对会较长。那么，国家的特定优势作用将可以发挥相应的作用。一国通过在国家层面的创新系统的制度调整和变革，对一国所处的全球价值链中的地位和权利进行动态性调整，突破在既有全球价值链分工格局中的被俘获在低端的局面（刘志彪和张杰，2007；刘志彪和张杰，2009）。所以，企业创新能力和水平的提升与母国特有的组织优势和政策制度优势（裴长洪和郑文，2011）密切相关，比如特定的组织——政策性金融机构对企业在资金方面的支持，比如特定时期的政策导向和指引，如政府部门在政府补贴、税收优惠、配套服务、条件支持、信息提供等方面提供的便利（赵宸宇和李雪松，2017）。另有，创新活动的推进是一种长期行为，与企业所追求的短期经济利益，有时会发生冲突和矛盾，因而也需要特定组织和政府机构通过顶层设计的指引，为企业的投资创新行为创造和提供良好的外部环境。

通过对外直接投资的产业转移效应、逆向技术溢出效应、产业集聚效应、需求拉动效应、竞争效应和特定优势整合效应的渠道来促进国内创新能力和水平的提升，是一个系统且综合的过程。这几种渠道通常交替或者综合发生相应的作用。但由于一国不同的地理区位，所处不同的发展阶段和水平，以及政策环境、教育水平等的差异，都会直接影响对外直接投资创新效应的提升强度。因此，“一带一路”背景下中国对外直接投资的创新效应，既有“一带一路”倡议提出之前的方面和内容，更有传统 OFDI 所没有的效应和影响，具体如图 4–1 所示。

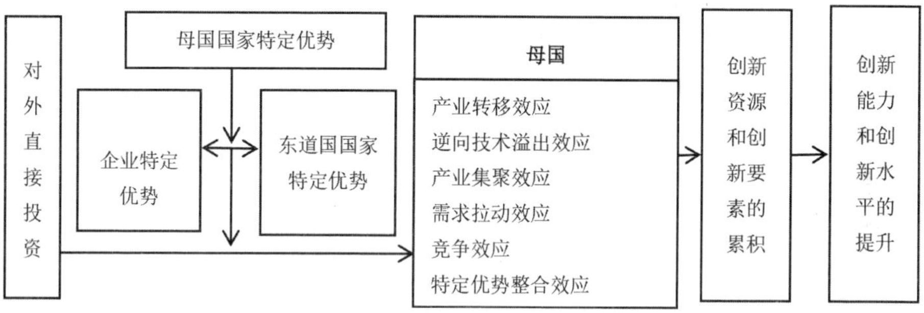

图 4–1 “一带一路”背景下中国对外直接投资创新效应的发生机制——母国层面

OFDI 作为中国主动获取、吸收和借鉴国外先进技术、提高技术开发和自主创新能力和水平的更为有效的途径（刘宏 等，2019），在“一带一路”合作的推进过程中发挥了不可替代的作用。

现阶段，中国制造强国战略正在进行当中，一些自主创新的项目和工程也都初具规模和成效，虽然在尖端科技和领先技术等领域还有不小差距，但创新驱动发展的决心和动力不可小觑。那么在“一带一路”倡议实施和创新驱动战略的双重背景下，国家的创新能力建设和水平提升也有显著的进步。从魏守华（2008）提出的影响中国创新能力的几方面因素可知，创新基础和产业创新环境是重要的两个方面，具体包括 R&D 全时当量和 R&D 经费支出，高技术产业占制造业增加值比重和知识密集型服务业占 GDP 的比重，教育经费占 GDP 的比重，科技投入占 GDP 的比重，中国吸引的 FDI 等。

已经具备创新能力的企业在对外直接投资的过程中能获取更多的创新资源。根据国际化理论，部分企业具有天生全球化的特征，通常情况下，企业生产率高、资本密集度高，在行业中较为资深、创新能力较强且已经从事出口的企业更倾向于对外直接投资（周燕和吕轶凡，2019）。而随着企业参与对外直接投资经验的积累和资源的叠加，创新能力较强的企业参与的对外直接投资活动越多，获取的创新资源和创新条件也越多，越能为企业下一轮的对外直接投资储备相应的能量，因而也越能在提高企业创新能力和水平方面表现出已有的优势。

总的来说，中国企业在开启国际化成长的过程中，国企因为具有规模大、竞争力强的优势，对外直接投资的比重相对较高。而民营企业由于自身规模的限制，对创新方面的研发投入非常有限，且缺乏创新的意识，一定程度上制约了其在海外市场上的竞争实力和抵御风险的能力。因此，要解决现有对外直接投资发展中的问题，创新能力的提升是关键。

全球价值链分工体系使得该体系下的任何一个参与国都成为全球价值链上的重要的一环，参与国际分工，专业化地从事某个或某几个特定生产环节和流程的生产。此次在全球蔓延的新冠肺炎疫情，造成了全球供应链的中断，也造成全球价值链的某些环节受到最直接的冲击。如何减少或减轻这种全球范围内全球性公共卫生突发事件导致的经济停摆，已有供应链、价值链的中断？唯有创新才能解决这一全球困境，唯有创新才能让身处疫情中的一国具备动态适应能力，及时调整对策和策略，为一国产业链的调整和布局提出新的、可行的方案。

当前，中国经济增长模式正发生相应的变化，从以出口、引资驱动为重向投资、创新驱动的方向转型，"一带一路"倡议的实施并不是简单的中国对外直接投资，更重要的是逐步提升产业、行业标准的国际话语权（王义桅，2018）。因此，在"一带一路"背景下，中国对外直接投资对一国创新能力建设和创新水平的提升，提出了更高的要求。那么，究竟"一带一路"背景下，中国对外直接投资能不能带来创新能力和创新水平方面的提升，本章将分别从微观企业层面和区域层面进行实证分析检验。

4.3 实证分析（一）——企业层面

中资企业作为对外直接投资的主体，在开启国际化成长的进程中，在"走出去"的过程中，对于促进区域经济合作，提高国家对外开放程度，提升国际影响力、国际地位和国际话语权等方面发挥着越来越重要的作用。2003—2018 年的《中国对外直接投资统计公报》数据显示，参与对外直接投资的企业数已增长了 12.5 倍。2003 年，有 3439 家中国对外直接投资企业，覆盖全球国家（地区）的 60%。至 2018 年，中国有总计 2.7 万家境内投资者在国（境）外进行对外直接投资，所设立的对外直接投资企业达到 4.3 万家，分布在全球 188 个国家（地区），覆盖全球国家（地区）的 80% 以上。这些企业 2018 年年末的资产总额达 6.6 万亿美元，总量相当可观。“一带一路”倡议实施以来，中国的对外直接投资不管是在投资规模上还是投资广度上，更是取得突破性的进步与发展。据 2018 年《中国对外直接投资统计公报》关于中国对“一带一路”沿线国家直接投资的数据显示，2018 年年末，中国境内投资者在“一带一路”沿线的 63 个国家所设立的境外企业高达 10000 家，分布的行业达 18 个大类，总计直接投资额达 178.9 亿美元，其比重占同期中国对外直接投资（流量）的 12.5%。在 2013—2018 年，中国在“一带一路”沿线国家累计直接投资高达 986.2 亿美元。从存量上来看，单 2018 年年末，在“一带一路”沿线国家，中国的 OFDI 存量高达 1727.7 亿美元，其比重占同期中国 OFDI 存量的 8.7%。“一带一路”沿线国家也因此成为中国企业对外直接投资的热点区域。吕越等（2019）通过实证分析得出“一带一路”倡议的提出和实施，对中国企业 OFDI 的增长有显著的促进和推动作用，这种促进和推动作用在“海上丝绸之路”沿线国家与中国周边国家更为显著。那么，在“一带一路”背景下，这种投资增长的背后，除了数量的增加，质量的提升有没有体现呢？也就是说中国对外直接投资的成效如何呢？企业在对外直接投资的过程中，是否获得了相应的进步与发展呢？尤其作为提升企业核心竞争力的关键——企业的创新能力和水平得到了怎样的增强呢？对于这一问题的探讨，能对当前新冠肺炎疫情在全球蔓延的情况下，如何减少其对企业在对外直接投资方面的不利影响，提升企业的动态能力，进一步通过创新提升企业的核心竞争力等方面，做出积极的回应，因而具有比较重要的理论意义和现实意义。

4.3.1 问题提出

尽管新冠疫情在全球蔓延的影响力并没有大幅减弱，但我国商务部2020年的统计资料显示，2020年1—4月，在"一带一路"沿线的53个国家中，中国企业对其的非金融类直接投资总额达52.3亿美元，同比增长13.4%，所占比重达同期投资总额的15.6%，较上年提升2.3个百分点。一方面，是因为有前期共建"一带一路"成果的支撑；另一方面，也说明企业能及时调整并适应当前的局势，采取高效的措施，积极推进对外直接投资的进行。这是对企业动态能力的充分考验，更是对企业的创新能力提出了新的更高的要求。企业在开展跨境资本投资时，如果单纯只关注短期的直接经济收益，那么这种直接的经济收益会被激烈的竞争环境所吞噬。所以，为避免这种经济收益的消失，企业决策者会采取各种途径和措施，比如投资知识型资产等，来提高企业的创新能力和水平，来增强企业的核心竞争力（杨挺 等，2018）。关于对外直接投资对于企业创新能力和水平的研究，已有的学者从如下几个方面进行了相关的实证分析和检验：一是对外直接投资对企业的生产率水平提升的促进作用（蒋冠宏和蒋殿春，2014；王桂军和张辉，2020）；二是对外直接投资对企业出口产品质量的影响（刘宏 等，2020）；三是对外直接投资对企业创新效率的影响（何彬和范硕，2019）；四是对外直接投资对技术创新的影响（姚惠泽和张梅，2018；王桂军和张辉，2020）。

刘宏等（2020）提出，对外直接投资能促进母国企业提升其在国际市场上的竞争力，是因为对外直接投资为母国企业进入国际市场提供了学习国外先进知识的良好机遇。毛其淋等(2014)通过倾向匹配得分方法，分析检验了企业OFDI的创新影响，研究发现OFDI总体上能有效促进企业创新，并对企业创新持续期延长有显著促进作用。王桂军和卢潇潇（2019a）基于双重差分模型，对"一带一路"倡议与中国企业创新之间的作用机理进行了实证分析检验，研究得出，"一带一路"倡议通过OFDI的中介作用，显著提升了中国企业的创新水平。薛军和苏二豆（2020）实证分析了2002—2007年服务型企业在开展对外直接投资的过程中，"市场规模效应""资金流效应""逆向技术溢出效应”等对企业创新能力和创新水平的提升有显著的促进作用。近年来，越来越多的中资企业通过 OFDI 对外进行资本输出，非常明显的动机是扩大市场规模、获取战略资源。除此之外，企业通过 OFDI 获取先进技术、实现先进技术的逆向溢出，从而增强自身的创新能力，也成为企业“走出去”的重要目的（王保林和蒋建勋，2019）。虽然关于中国对外直接投资对于企业的影响效应，已有的文献做了诸多探讨，但在“一带一路”背景下，探讨中国对外直接投资的创新效应的研究相对较少，已有的研究成果也还不深入。“一带一路”倡议的提出和实施，是中国所特有的政策优势、政府优势、组织优势和理念优势的充分体现。现阶段，对于“一带一路”背景下，如何综合母国的国家特定优势、企业的特定优势和东道国的特定优势更好地发挥其在对外直接投资创新效应方面的积极影响和促进作用，对于新的形势下高质量地推进“一带一路”合作项目的开展，以及全面评估“一带一路”背景下的中国对外直接投资具有理论和现实的意义。本小节收集了 2522 家上市公司海外直接投资的数据，剔除金融、保险类和 ST 类的样本，保留了 1967 家上市公司的数据，将代表母国国家特定优势的“一带一路”倡议的实施作为主要变量，考查其对对外直接投资创新效应的影响，并对比全样本和国企、民企以及中外合资企业的样本，综合看待“一带一路”背景下中国对外直接投资对企业创新效应的影响机制。

4.3.2 机制说明与实证模型设计

（1）机制说明

动态能力理论把对外直接投资看作企业国际化成长的原因（杨先明和王希元，2019）。Teece（2014）认为企业的战略和动态能力共同确定了企业在全球环境中的级别和持续竞争的优势。而这种竞争优势表现在能够高效地对知识和专用资产进行跨境转移，这也是对传统国际直接投资理论的一种补充。Teece（2017）进一步认为，企业必须具备创新能力，才能根据市场需要建立动态管理能力。企业动态能力的培育和提升，又有赖于知识、技术以及互补资产等要素资源的有机组合。企业内外部诸如知识、技术和专用性资产等要素资源的获取，并非像天上掉落的甘露一样，而是来自价值创造活动的结果。这些活动包括学习、研发、管理指导等。而对外直接投资为价值创造活动的产生和发展提供了大量的机会，包括建立跨境市场，构建区域和国际生态网络，在这样的过程中更高效地创造价值。根据全球价值链分工理论的内容可知，“一带一路”倡议的实施，使得企业在积极参与对外直接投资的过程中，一方面可以增加中国与发达国家的外循环，提升整体内循环的质量；另一方面这种提升了的内循环的质量，在企业向发展中国家进行投资的过程中，又会提升东道国的技术和创新水平，增强外循环的质量。

已有的研究表明，对外直接投资有多种路径对母国企业的自主创新能力产生影响，其中最为重要的有三条（姚惠泽和张梅，2018）：首先是企业通过在发达国家（地区）设立研发中心或者设立合资企业，获取战略性资产，在这个过程中，学习、利用和吸收来自发达国家（地区）先进的生产技术和管理经验，实现逆向技术溢出，提升母国企业的技术水平；其次是企业在 OFDI 的过程中，不仅可以利用产业上、下游的关联效应实现投资收益反馈，还可以通过 OFDI 绕开国际贸易壁垒，为企业的创新活动提供一定的资金支持，从而促进母国企业技术创新产出和企业生产率的提高；最后是企业自身的知识资产和技术，可以为企业带来更多的收益（姚惠泽和张梅，2018）。Branstetter（2006）实证分析了日本跨国公司对美国直接投资的知识溢出，分析结果表明日本企业的对外直接投资存在技术创新效应（郝新东和杨俊凯，2020）。综合来看，OFDI 通过国际技术溢出等方式获取国外研发知识和技术，并将这些先进的知识和技术反馈回母国，在国内逐步形成示范、竞争和关联等效应，在这些效应的相互影响下，最终带动国内创新能力和水平的提高。

“一带一路”背景下中国企业在参与 OFDI 的过程中，一方面，可以通过国际技术溢出、技术扩散、学习效应等方面获得创新水平的提升，另一方面，由于“一带一路”投资项目投资周期长、资金需求量大的特点，中国企业在参与“一带一路”投资的过程中，在一些投资项目的推进上，会采用“第三方市场合作”的方式。中资企业在采用“第三方市场合作”推进投资项目的过程中，在对接处于不同发达国家和发展中国家的供给和需求的过程中，一方面可以吸收和借鉴发达国家的先进技术和管理理念，促进企业自身技术创新能力的提升；另一方面可以通过产业转移和产业升级，逐步加强自主创新能力和水平的提升。当然，更重要的是，随着“一带一路”倡议的深入推进，“一带一路”背景下的中国对外直接投资在政府的支持下，在政策的指引下，在特定组织的支撑下，母国的特定优势使得企业的特定优势和东道国的特定优势能更好地发挥特定优势的整合效应，让企业在开展对外直接投资活动的过程中，获得更多的创新资源和创新要素的累积，从而促进企业创新能力和创新水平的提升。

（2）研究方法说明

本章借鉴双重差分法来考察“一带一路”背景下中国 OFDI 的创新效应。所谓双重差分法，又称倍差法，是针对反事实逻辑而提出的一种方法。在使用过程中，需要将观测对象分为实验组和对照组。实验组（亦称处理组）是受政策影响的样本组，在某一时间节点上有政策的变动；对照组（亦称控制组）是未受政策影响的样本组，在某一时间节点上没有发生政策的变动。该方法主要通过对比政策实施前后实验组和对照组的变化，来检验政策实施的效果，如果实验组的变化幅度显著高于或优于对照组，则可说明政策实施效果的存在。实证分析中，为避免偏误，需要找到合适的对照组作为实验组反事实的参照组，获得对照组的政策实施前后的时间效应。然后用实验组在政策实施前后的变化，与对照组政策实施前后的变化相减得出政策实施的真实效应，也称作处理效应。

那么，要考察“一带一路”倡议实施对 OFDI 创新效应的影响，如果只是单纯地分析“一带一路”倡议实施前后 OFDI 创新效应的变化，是不准确的。因为这个变化包含有两个部分的内容：一部分是在没有“一带一路”倡议实施的情况下的时间效应，也就是时间趋势上的变化；另一部分是“一带一路”倡议直接作用的政策效应。而真正的政策效应为剔除时间效应之后的那一部分。要剔除时间效应，通常采用的办法是选择一个参照系（董秀良等，2018），即选取一个受“一带一路”倡议实施影响的样本，用这个样本在“一带一路”倡议实施前后的 OFDI 创新效应的变化，再减去不受“一带一路”倡议实施影响的样本在同样的时间节点前后 OFDI 创新效应的变化，方可得到“一带一路”倡议实施前后 OFDI 创新效应的变化。这是双重差分模型（difference-in-difference，DID）的基本思想。

双重差分思想一般用包含实验组虚拟变量和时间虚拟变量的线性回归模型表示：

$$Y_{i,t}=\beta_0+\beta_1 G_i\times D_t+\beta_2 G_i+\gamma D_t+\varepsilon_{i,t} \qquad (i=1,\cdots,n;\ t=1,2) \qquad (4-1)$$

式（4–1）回归模型中，G_i 表示分组虚拟变量（$G_i=1$，如果个体 i 属于实验组；$G_i=0$，如果个体 i 属于控制组）；D_t 表示实验期虚拟变量（如果 $t=2$，$G_t=1$；如果 $t=1$，$G_t=0$），而交乘项 $G_i\times D_t$ 的系数才是真正对实验组政策实施效应的度量。

（3）模型设计

借鉴双重差分法在分组效应（group–specific effects）和时间效应（time–specific effects）方面的优点，本章采用双重差分的思想对“一带一路”背景下对外直接投资的主体——企业，在对外直接投资的过程中的创新效应进行实证分析检验。本小节的目的主要是考察“一带一路”倡议对企业 OFDI 在创新方面的影响效应的促进作用，不可能直接套用双重差分模型，但可以参照双重差分思想在实证方面的运用，在利用分组虚拟变量（纳入“一带一路”规划的重点省份范围内的企业和未纳入“一带一路”规划的重点省份范围内的企业）与分期虚拟变量（“一带一路”重点省份确定前、“一带一路”重点省份确定后）的交乘项来控制时间效应和分组效应，并乘以企业的 OFDI，来综合考察企业 OFDI 在创新方面的影响效应。本章实证分析中，用 $List_i$ 表示分组虚拟变量，用 $Post_t$ 表示分期虚拟变量。

本章基于双重差分模型和已有的研究成果（陈强，2014；董秀良 等，2018），构建以下实证模型，称为模型Ⅰ：

$$INN_{i,t+2}=\alpha_0+\alpha_1 OFDI_{i,t}+\alpha_2 List_i+\alpha_3 List_i\times OFDI_{i,t}+\alpha_4 List_i\times Post_t\times OFDI_{i,t}+\gamma X_{i,t}+\varepsilon_{i,t}$$

其中，$INN_{i,t+2}$ 表示 $t+2$ 期企业的创新水平，其值分别用各个企业 $t+2$ 的期专利、发明专利以及专利、发明专利、实用新型和外观设计申请的总和表示；$OFDI_{i,t}$ 表示各企业是否在“一带一路”沿线国家进行了对外直接投资，其中，$OFDI_{i,t}=1$ 表示第 i 个企业在第 t 年参与了“一带一路”沿线国家的对外直接投资，反之，$OFDI_{i,t}=0$ 表示第 i 个企业第 t 年没有参与“一带一路”沿线国家的对外直接投资；$List_i$ 是分组虚拟变量（企业位于“一带一路”规划的重点省份为 1，否则为 0）；$Post_t$ 为分期虚拟变量（“一带一路”规划重点省份确定后取值为 1，否则取 0）。在模型Ⅰ中，本研究将企业 i 是否处于“一带一路”规划的重点省份的虚拟变量 $List_i$ 纳入模型中，主要是能够将纳入“一带一路”规划的重点省份的企业和未纳入“一带一路”规划的重点省份的企业进行二次差分分析，以此来排除其他政策因素的干扰和影响。模型Ⅰ中重点关注和考察交乘项 $List_i \times Post_t \times OFDI_{i,t}$ 的回归系数 α_4 的值是否为正数，且通过显著性检验。如果 α_4 的系数显著为正，则说明“一带一路”倡议能显著促进企业OFDI的创新效应。此外，模型Ⅰ中，$X_{i,t}$ 代表控制变量，主要包括各企业的年龄、注册资本、净利润、无形资产占比、政府补贴、资产收益率、营业利润等。

4.3.3 变量说明和实证结果分析

（1）变量描述与数据来源

本书基于境外投资企业（机构）备案结果公开名录列表信息，对照国泰安数据库中海外投资上市公司基本信息表、海外关联公司信息表和上市公司年报，手工整理、筛选掉境外投资企业（机构）备案结果公开名录列表和海外关联公司信息表中没有的上市公司，然后根据上市公司年报，整理出2011—2018年2522家上市公司参与海外投资的情况。剔除金融、保险和ST类样本，最终得到1967家上市公司的数据。

被解释变量。被解释变量为各企业的创新水平，用企业的专利和发明专利申请的数量分别作为企业创新水平的代理变量进行实证分析。由于对外直接投资的创新效应存在滞后性，本研究分别采用滞后两期的企业专利和发明专利的申请数作为因变量。在稳健性检验中，用专利、发明专利、实用新型和外观设计申请的总和作为代理变量进行实证分析。

解释变量。核心自变量为 $List_i \times Post_t \times OFDI_{i,t}$，即主要考察“一带一路”倡议是否促进了企业对外直接投资的创新效应。

控制变量。企业创新能力和水平受多方面条件的影响和制约。张杰等（2012）认为企业创新投入的融资渠道主要来源于企业自身的现金流、注册资本的增加和商业信用，不同的融资约束、规模、年龄等对企业创新水平和创新能力的影响是有显著差异的。此外，政府部门为企业海外投资提供了一定的支持和保障，比如政府所提供的税收方面的优惠、财政上的补贴、政策的指引和支持、相关配套服务及外汇支持等，都为企业创新意愿的增强提供了便利的条件（王桂军和卢潇潇，2019a）。所以，本研究的控制变量包括：企业的年龄、注册资本、净利润、无形资产占比、政府补贴、总资产、净资产、资本支出、资产收益率、营业利润等。变量名称说明及具体的数据来源见表4-1。

主要变量的描述性统计如表 4-2 所示。

表 4-1 变量名称及数据来源

变量名称		变量缩写	变量含义	数据来源
因变量	专利	INN	企业创新能力和水平	国泰安数据库
	发明专利			
	专利、发明专利、实用新型和外观设计申请的总和			
核心自变量	对外直接投资	OFDI	是否向“一带一路”沿线国家进行投资	商务部数据库中境外投资企业（机构）备案结果公开名录列表、国泰安数据库中海外投资上市公司基本信息表、海外关联公司信息表和上市公司年报
	对外直接投资与分组的交乘项	List × OFDI	纳入“一带一路”重点省份对于企业创新的促进作用	中国“一带一路”网
	“一带一路”倡议与对外直接投资以及分组的交乘项	List × Post × OFDI	“一带一路”倡议实施的促进作用	中国“一带一路”网

续表

变量名称		变量缩写	变量含义	数据来源
控制变量	企业年龄，用当年与企业成立年的差来衡量	Age	企业资历	国泰安数据库
	注册资本，实证时取对数	Register Ca-l	企业规模	
	净利润，实证时取对数	Jing Profit	企业的净利润	
	无形资产占总资产的比重	Wuxing Ratio	企业的无形资产比重	
	政府补贴，实证时取对数	Gov	政府支持力度	
	净资产，实证时取对数	Jing Capital	企业的净资产	
	总资产，实证时取对数	Allcapital	企业的总资产	
	资本支出，实证时取对数	zbzc	企业的资本支出	
	资本回报率	ROIC	企业的资本回报率	
	营业利润，实证时取对数	Yingye Profit	企业的经营水平	

表 4-2 主要变量的描述性统计 1

变 量	样本	均值	标准差	最小值	最大值
Patent	8049	58.471	305.157	1	7073.00
Invent Patent	8049	29.15	197.226	0	4686.00
Utility	8049	23.324	118.421	0	3979.00
Design	8049	5.997	30.12	0	682
OFDI	15736	0.438	0.496	0	1
List	15736	0.526	0.5	0	2

续表

变 量	样本	均值	标准差	最小值	最大值
Age	15733	16.513	5.723	1	43
Register Ca-l	15732	1370000000	5450000000	1427228	183000000000
Jing Profit	15736	656000000	3640000000	-17000000000	146000000000
Wuxing Ratio	12192	0.048	0.066	0	0.852
Gov	14764	55100000	288000000	135.92	10900000000
Jing Capital	12192	8510000000	43200000000	-1750000000	1410000000000
Allcapital	15725	20400000000	104000000000	148000000	3250000000000
zbzc	12191	1090000000	8480000000	0	331000000000
ROIC	12167	0.056	0.087	-2.163	0.824
Yingye Profit	15736	656000000	3640000000	-17000000000	146000000000

表4-3分别给出了“一带一路”重点省份和“一带一路”非重点省份在“一带一路”倡议实施前后的相关变量的描述性统计。在“一带一路”倡议实施后，“一带一路”重点省份的企业和非重点省份的企业的各项创新指标、营业收入、净利润和政府补贴等均有所提高。但是，“一带一路”重点省份的企业各项创新指标、营业收入、净利润和政府补贴等的提高幅度更明显。从虚拟变量List的全样本均值可知，有52.6%的样本企业进入“一带一路”重点省份的名单。从企业的规模来看，无论是“一带一路”重点省份划分前还是划分后，“一带一路”重点省份的企业规模都要小于“一带一路”非重点省份的企业。从企业成立的时间来看，无论是“一带一路”重点省份划分前还是划分后，“一带一路”重点省份的企业成立的时间要早于“一带一路”非重点省份的企业。在企业净利润、无形资产占比、政府补贴、净资产和营业利润等方面的均值来看，无论是“一带一路”重点省份划分前还是划分后，“一带一路”重点省份的企业的表现均不及“一带一路”非重点省份的企业的表现。

表 4-3　主要变量的描述性统计 2

Variable		"一带一路"重点省份划分前			"一带一路"重点省份划分后		
		全样本	"一带一路"重点省份企业	"一带一路"非重点省份企业	全样本	"一带一路"重点省份企业	"一带一路"非重点省份企业
Patent	Mean	50.765	44.355	57.022	69.088	66.294	71.69
	Std. Dev.	243.518	225.669	259.659	373.572	407.544	338.996
Invent Patent	Mean	24.497	22.008	26.926	35.561	32.975	37.967
	Std. Dev.	165.996	162.042	169.767	233.386	234.704	232.193
Utility	Mean	20.643	16.386	24.798	27.019	25.634	28.307
	Std. Dev.	89.689	79.256	98.657	149.143	175.279	119.831
Design	Mean	5.625	5.961	5.298	6.509	7.684	5.415
	Std. Dev.	26.693	29.318	23.854	34.283	39.272	28.841
OFDI	Mean	0.438	0.444	0.431	0.438	0.444	0.432
	Std. Dev.	0.496	0.497	0.495	0.496	0.497	0.495
List	Mean	0.525	1	0	0.527	1	0
	Std. Dev.	0.499	0	0	0.499	0	0
Age	Mean	14.515	14.936	14.048	18.511	18.906	18.072
	Std. Dev.	5.362	5.601	5.045	5.363	5.596	5.057
Register Ca-l	Mean	1.090000000	8.74000000	1.330000000	1.650000000	1.430000000	1.900000000
	Std. Dev.	5.210000000	1.840000000	7.300000000	5.670000000	2.550000000	7.780000000

续表

Variable		"一带一路"重点省份划分前			"一带一路"重点省份划分后		
		全样本	"一带一路"重点省份企业	"一带一路"非重点省份企业	全样本	"一带一路"重点省份企业	"一带一路"非重点省份企业
Jing Profit	Mean	5.64000000	3.96000000	7.50000000	7.48000000	6.38000000	8.71000000
	Std. Dev.	3.950000000	1.570000000	5.490000000	3.310000000	2.520000000	4.000000000
Wuxing Ratio	Mean	0.048	0.045	0.052	0.047	0.043	0.053
	Std. Dev.	0.066	0.062	0.071	0.066	0.057	0.075
Gov	Mean	47100000	38200000	56900000	63400000	59200000	68000000
	Std. Dev.	2.62000000	1.42000000	3.49000000	3.13000000	2.46000000	3.72000000
Jing Capital	Mean	6.370000000	4.470000000	8.640000000	1.0700000000	7.970000000	1.3900000000
	Std. Dev.	3.8000000000	1.2700000000	5.4400000000	4.7800000000	1.8600000000	6.7700000000
Allcapital	Mean	1.5000000000	1.0900000000	1.9500000000	2.5700000000	2.0800000000	3.1200000000
	Std. Dev.	8.4600000000	3.8700000000	1.16000000000	1.19000000000	7.3400000000	1.55000000000
zbzc	Mean	1.020000000	6.20000000	1.510000000	1.150000000	8.22000000	1.550000000
	Std. Dev.	9.350000000	3.290000000	1.3400000000	7.520000000	3.690000000	1.0400000000
ROIC	Mean	0.066	0.065	0.067	0.046	0.046	0.046
	Std. Dev.	0.06	0.057	0.062	0.106	0.111	0.101
Yingye Profit	Mean	6.63000000	4.43000000	9.07000000	9.24000000	7.71000000	1.090000000
	Std. Dev.	4.890000000	1.840000000	6.820000000	4.340000000	3.080000000	5.410000000

(2)实证结果分析

本研究利用软件 Stata 14.0，对比 2015 年“一带一路”重点省份划分前后的变化，采用 2011—2018 年的样本数据，对“一带一路”背景下中国对外直接投资的创新效应进行实证分析。如前文所述，在实证分析中，用滞后两期的专利和发明专利分别作为企业创新水平的代理变量进行检验。由于专利和发明专利为非负数，为离散型变量，在比较了样本的均值和方差后，采用泊松回归，对全样本进行回归分析。

总的来看，“一带一路”倡议的实施对企业对外直接投资的创新效应有正向的促进作用。表 4-4 中，回归结果显示，不管是用专利作为企业创新水平的代理变量，还是使用发明专利作为企业创新水平的代理变量，交乘项 $List_i \times Post_t \times OFDI_{i,t}$ 的系数 α_4 的值始终为正数，表明“一带一路”倡议的实施对企业在通过对外直接投资提升自身的创新水平方面有正向的促进作用。OFDI 的系数也显著为正，说明企业参与“一带一路”沿线国家的对外直接投资能显著、正向促进企业创新能力和水平的提升。分组变量 List 的系数也显著为正，说明属于“一带一路”重点省份的企业，创新能力和水平的提升更为显著。在控制变量中，政府补贴正向、显著地影响企业的创新能力和水平的提升，说明政府通过政策倾斜对企业予以一定财政补贴，能很好地提升企业的创新能力和水平。此外，企业的注册资本、无形资产占比、总资产、资产收益率和营业利润等都正向、显著地影响企业的创新。

表 4-4 实证结果 1

变量	(1)专利		(2)发明专利	
OFDI	0.0250***	0.0248***	0.448***	0.447***
	(3.53)	(3.51)	(44.54)	(44.50)
List	0.426***	0.425***	0.602***	0.602***
	(63.05)	(63.04)	(61.96)	(61.95)
List × OFDI	−0.471***	−0.470***	−0.957***	−0.957***
	(−50.02)	(−50.01)	(−69.67)	(−69.66)
List × Post × OFDI	0.117***	0.117***	0.0556***	0.0553***
	(13.53)	(13.53)	(4.24)	(4.22)

续表

变量	（1）专利		（2）发明专利	
Age	−0.00730***	−0.00730***	0.0150***	0.0149***
	(−15.06)	(−15.06)	(22.18)	(22.16)
Register Ca~l	0.437***	0.437***	0.523***	0.523***
	(104.36)	(104.36)	(87.48)	(87.48)
Jing Profit	−0.492***	−0.492***	−0.728***	−0.728***
	(−88.65)	(−88.64)	(−102.99)	(−102.98)
Wuxing Ratio	1.445***	1.446***	1.287***	1.287***
	(57.25)	(57.27)	(32.35)	(32.37)
Gov	0.132***	0.132***	0.226***	0.226***
	(84.25)	(84.26)	(95.52)	(95.54)
Jing Capital	−0.0179*	−0.0180**	0.0646***	0.0642***
	(−2.57)	(−2.59)	(6.64)	(6.60)
Allcapital	0.206***	0.206***	0.195***	0.196***
	(39.81)	(39.82)	(27.22)	(27.24)
zbzc	−0.0639***	−0.0639***	−0.0479***	−0.0479***
	(−35.96)	(−35.96)	(−18.58)	(−18.58)
ROIC	2.840***	2.839***	3.657***	3.657***
	(57.09)	(57.08)	(54.68)	(54.67)
Yingye Profit	0.248***	0.248***	0.332***	0.332***
	(49.30)	(49.30)	(49.28)	(49.29)
_cons		−5.693***		−9.378***
		(−48.60)		(−96.86)
模型	FE	RE	FE	RE
N	5248	5248	5248	5248

注：*t* statistics in parentheses,* $p<0.1$,** $p<0.05$,*** $p<0.01$。

为避免内生性问题，本研究将因变量滞后一期纳入模型中，$List_i \times Post_t \times OFDI_{i,t}$ 的系数 α_4 的值为正，且显著。实证结果与前文结果基本一致。具体如表 4-5 所示。

表 4-5 实证结果 2

变量	（1）专利		（2）发明专利	
OFDI	0.119***	0.119***	0.616***	0.616***
	(10.79)	(10.78)	(37.70)	(37.69)
List	1.174***	1.174***	1.374***	1.374***
	(111.89)	(111.87)	(87.31)	(87.30)
List × OFDI	−1.402***	−1.401***	−1.932***	−1.931***
	(−106.24)	(−106.20)	(−97.63)	(−97.61)
List × Post × OFDI	0.255***	0.254***	0.196***	0.196***
	(22.46)	(22.43)	(11.01)	(10.98)
Age	−0.0159***	−0.0159***	0.00978***	0.00976***
	(−25.08)	(−25.11)	(10.89)	(10.86)
Register Ca~l	0.209****	0.209***	0.291***	0.291***
	(41.38)	(41.39)	(40.76)	(40.77)
Jing Profit	−0.151***	−0.151***	−0.289***	−0.289***
	(−18.04)	(−18.02)	(−26.75)	(−26.74)
Wuxing Ratio	1.635***	1.633***	1.601***	1.599***
	(48.04)	(47.98)	(28.84)	(28.80)
Gov	0.106***	0.107***	0.206***	0.206***
	(52.19)	(52.20)	(65.30)	(65.30)
Jing Capital	0.0327***	0.0327***	−0.0285*	−0.0285*
	(3.36)	(3.36)	(−2.05)	(−2.05)

续表

变量	（1）专利		（2）发明专利	
Allcapital	0.220***	0.220***	0.357***	0.357***
	(29.84)	(29.82)	(34.28)	(34.27)
zbzc	−0.0803***	−0.0803***	−0.00686	−0.00681
	(−33.10)	(−33.09)	(−1.84)	(−1.82)
ROIC	3.647***	3.646***	4.660***	4.659***
	(62.68)	(62.67)	(57.78)	(57.77)
Yingye Profit	0.0119	0.0118	−0.0387***	−0.0388***
	(1.78)	(1.76)	(−4.57)	(−4.58)
cPatent	0.000104***	0.000104***		
	(9.30)	(9.28)		
cInvent Patent			−0.00123***	−0.00124***
			(−17.91)	(−17.92)
模型	FE	RE	FE	RE
_cons		−4.065***		−8.396***
		(−46.11)		(−58.39)
N	3525	3525	3525	3525

注：*t* statistics in parentheses,* p<0.1,** p<0.05, *** p<0.01。

本小节将样本区分为国有企业、民营企业和中外合资企业三类不同的企业性质的样本进行实证分析和检验。表 4–6 和表 4–7 分别为用专利水平和发明专利作为企业创新能力和水平的代理变量的实证结果。从两表的实证结果来看，对于国企而言，$List_i \times Post_t \times OFDI_{i,t}$ 的系数 α_4 的值为正，且显著，“一带一路”倡议实施的这种促进作用更为明显，更为显著。$List_i \times OFDI_{i,t}$ 的系数显著为正，说明地处“一带一路”重点省份的国有企业，其对外直接投资的创新效应更显著，其在参与对外直接投资的过程中，创新能力和水平的提升更为显著。同样，政府补贴的实证结果系数是正向的、显著的，说明政府补贴在企业开展对外直接投资的过程中，对其创新效应的发挥有正向的、显著的促进作用。这也表明政府在企业的对外直接投资创新效应的发挥方面起着非常重要的作用。在“一带一路”逐步实施和落实的过程中，政府能否在企业“走出去”的过程中，继续为企业提供一定的政策支持和财政补贴，将对企业的创新能力和水平的提升，起到重要的促进作用。而对于民企和中外合资企业而言，$List_i \times Post_t \times OFDI_{i,t}$ 的系数 α_4 的值为负，说明对这两类企业而言，“一带一路”倡议的实施，对企业通过对外直接投资来提升企业创新能力和水平的作用不及国有企业。具体回归结果见表 4-6 和表 4-7。

表 4-6 不同性质企业的实证结果 1

变量	（1）国企		（2）民企		（3）中外合资企业	
OFDI	−1.085***	−1.085***	0.991***	0.991***	−1.581***	−1.603***
	(−73.98)	(−74.00)	(81.32)	(81.32)	(−11.28)	(−11.42)
List	0.377***	0.377***	0.965***	0.965***	0.125***	0.117***
	(34.52)	(34.50)	(76.77)	(76.78)	(3.90)	(3.67)
List × OFDI	0.669***	0.669***	−1.190***	−1.190***		
	(37.37)	(37.38)	(−79.32)	(−79.33)		
List × Post × OFDI	0.627***	0.627***	−0.0614***	−0.0617***	−0.291***	−0.272***
	(39.43)	(39.44)	(−5.56)	(−5.58)	(−5.73)	(−5.40)
Age	−0.0343***	−0.0343***	−0.0103***	−0.0103***	−0.0135***	−0.0132***
	(−32.92)	(−32.92)	(−16.52)	(−16.53)	(−5.90)	(−5.77)
Register Ca~l	0.255***	0.256***	0.640***	0.640***	0.202***	0.207***
	(35.29)	(35.30)	(110.94)	(110.94)	(6.58)	(6.78)
Jing Profit	0.435***	0.435***	−0.877***	−0.877***	−0.514***	−0.515***
	(39.83)	(39.84)	(−137.98)	(−137.98)	(−16.28)	(−16.29)

续表

变量	（1）国企		（2）民企		（3）中外合资企业	
Wuxing Ratio	0.285***	0.284***	2.516***	2.513***	−2.240***	−2.224***
	(7.69)	(7.68)	(52.19)	(52.13)	(−4.88)	(−4.85)
Gov	0.0260***	0.0261***	0.213***	0.213***	−0.0436***	−0.0446***
	(10.05)	(10.05)	(96.98)	(96.98)	(−4.21)	(−4.31)
Jing Capital	0.270***	0.270***	−0.0214*	−0.0214*	0.223**	0.219**
	(19.72)	(19.70)	(−2.18)	(−2.17)	(3.23)	(3.17)
Allcapital	−0.449***	−0.449***	0.569***	0.569***	−0.0543	−0.0484
	(−44.26)	(−44.24)	(77.85)	(77.84)	(−0.92)	(−0.82)
zbzc	0.154***	0.154***	−0.122***	−0.122***	−0.0453**	−0.0466**
	(44.57)	(44.56)	(−52.21)	(−52.21)	(−3.04)	(−3.13)
ROIC	−6.600***	−6.601***	7.090***	7.091***	1.691***	1.665***
	(−41.80)	(−41.81)	(92.01)	(92.02)	(5.44)	(5.37)
Yingye Profit	−0.390***	−0.390***	0.489***	0.489***	0.186***	0.187***
	(−55.52)	(−55.51)	(77.34)	(77.33)	(5.78)	(5.81)
_cons		0.192		−16.58***		4.777***
		(0.87)		(−118.75)		(8.45)
模型	FE	RE	FE	RE	FE	RE
N	1138	1138	3475	3475	320	320

注：*t* statistics in parentheses,* $p<0.1$,** $p<0.05$,*** $p<0.01$。

用发明专利作为因变量的代理变量，实证分析中为滞后两期的数值，实证结果如表 4-7 所示，主要的交乘项结果与前文一致。

表 4-7 不同性质企业的实证结果 2

变量	(1)国企		(2)民企		(3)中外合资企业	
OFDI	-1.434***	-1.435***	1.264***	1.264***	-0.829***	-0.849***
	(-60.82)	(-60.84)	(72.34)	(72.35)	(-4.36)	(-4.47)
List	0.749***	0.749***	0.707***	0.707***	-0.162**	-0.171***
	(49.45)	(49.43)	(37.46)	(37.48)	(-3.19)	(-3.39)
List × OFDI	0.761***	0.761***	-1.194***	-1.194***		
	(28.01)	(28.01)	(-52.81)	(-52.81)		
List × Post × OFDI	0.614***	0.614***	-0.214***	-0.214***	-0.305***	-0.291***
	(27.28)	(27.29)	(-12.36)	(-12.39)	(-3.76)	(-3.64)
Age	-0.0279***	-0.0279***	0.0137***	0.0137***	0.00142	0.00196
	(-19.29)	(-19.30)	(14.98)	(14.94)	(0.40)	(0.56)
Register Ca~l	0.120***	0.120***	0.963***	0.963***	0.399***	0.407***
	(14.00)	(14.00)	(112.82)	(112.82)	(8.07)	(8.28)
Jing Profit	0.255***	0.255***	-0.955***	-0.955***	-0.123	-0.122
	(17.43)	(17.43)	(-115.60)	(-115.60)	(-1.78)	(-1.77)
Wuxing Ratio	-0.251***	-0.251***	2.145***	2.143***	-1.394	-1.341
	(-3.93)	(-3.94)	(28.14)	(28.12)	(-1.88)	(-1.82)
Gov	0.0814***	0.0814***	0.304***	0.304***	-0.0904***	-0.0923***
	(21.13)	(21.14)	(90.71)	(90.72)	(-5.42)	(-5.54)
Jing Capital	0.314***	0.313***	0.0914***	0.0913***	-1.004***	-1.005***
	(17.64)	(17.60)	(6.21)	(6.20)	(-9.22)	(-9.25)
Allcapital	-0.103***	-0.102***	0.289***	0.290***	0.532***	0.540***
	(-7.49)	(-7.47)	(26.30)	(26.31)	(6.06)	(6.16)
zbzc	0.102***	0.102***	-0.0700***	-0.0700***	-0.251***	-0.252***
	(21.82)	(21.80)	(-19.60)	(-19.59)	(-10.74)	(-10.84)

续表

变量	（1）国企		（2）民企		（3）中外合资企业	
ROIC	-4.685***	-4.685***	5.544***	5.545***	2.277***	2.248***
	(-21.40)	(-21.40)	(47.26)	(47.28)	(5.96)	(5.90)
Yingye Profit	-0.394***	-0.393***	0.539***	0.539***	0.121*	0.119*
	(-40.32)	(-40.30)	(64.13)	(64.13)	(2.14)	(2.10)
_cons		-3.506***		-22.34***		10.76***
		(-17.69)		(-142.75)		(11.41)
模型	FE	RE	FE	RE	FE	RE
N	1138	1138	3475	3475	320	320

注：*t* statistics in parentheses,* $p<0.1$,** $p<0.05$,*** $p<0.01$。

（3）稳健性分析

为了保证回归结果的稳健性，本研究将企业的专利、发明专利、实用新型和外观设计申请的总和作为企业创新能力和水平的代理变量，同样滞后两期作为因变量，进行实证检验，最主要的交乘项仍然显著为正，说明本研究通过实证检验所得出的结论是相对稳健的。具体见表 4-8。

表 4-8 稳健性检验

变量	（1）全样本		（2）国企		（3）民企		（4）中外合资企业	
OFDI	0.0250***	0.0249***	-1.085***	-1.085***	0.991***	0.991***	-1.581***	-1.592***
	(4.99)	(4.98)	(-104.63)	(-104.64)	(115.00)	(115.00)	(-15.95)	(-16.05)
List	0.426***	0.425***	0.377***	0.377***	0.965***	0.965***	0.125***	0.121***
	(89.16)	(89.15)	(48.82)	(48.81)	(108.56)	(108.57)	(5.51)	(5.35)
List × OFDI	-0.471***	-0.471***	0.669***	0.669***	-1.190***	-1.190***		
	(-70.74)	(-70.73)	(52.85)	(52.86)	(-112.18)	(-112.18)		

续表

变量	（1）全样本		（2）国企		（3）民企		（4）中外合资企业	
List × Post × OFDI	0.117***	0.117***	0.627***	0.627***	−0.0614***	−0.0616***	−0.291***	−0.281***
	(19.13)	(19.13)	(55.77)	(55.77)	(−7.86)	(−7.87)	(−8.11)	(−7.87)
Age	−0.00730***	−0.00730***	−0.0343***	−0.0343***	−0.0103***	−0.0103***	−0.0135***	−0.0134***
	(−21.29)	(−21.30)	(−46.56)	(−46.56)	(−23.36)	(−23.37)	(−8.34)	(−8.25)
Register Ca~l	0.437***	0.437***	0.255***	0.255***	0.640***	0.640***	0.202***	0.205***
	(147.59)	(147.59)	(49.90)	(49.91)	(156.89)	(156.89)	(9.31)	(9.45)
Jing Profit	−0.492***	−0.492***	0.435***	0.435***	−0.877***	−0.877***	−0.514***	−0.514***
	(−125.37)	(−125.36)	(56.33)	(56.34)	(−195.13)	(−195.13)	(−23.02)	(−23.03)
Wuxing Ratio	1.445***	1.446***	0.285***	0.284***	2.516***	2.515***	−2.240***	−2.232***
	(80.97)	(80.98)	(10.87)	(10.87)	(73.81)	(73.77)	(−6.90)	(−6.88)
Gov	0.132***	0.132***	0.0260***	0.0260***	0.213***	0.213***	−0.0436***	−0.0441***
	(119.15)	(119.15)	(14.21)	(14.22)	(137.15)	(137.15)	(−5.95)	(−6.02)
Jing Capital	−0.0179***	−0.0180***	0.270***	0.270***	−0.0214**	−0.0214**	0.223***	0.221***
	(−3.64)	(−3.65)	(27.89)	(27.88)	(−3.08)	(−3.07)	(4.57)	(4.53)
Allcapital	0.206***	0.206***	−0.449***	−0.449***	0.569***	0.569***	−0.0543	−0.0514
	(56.30)	(56.31)	(−62.59)	(−62.58)	(110.10)	(110.09)	(−1.30)	(−1.23)
zbzc	−0.0639***	−0.0639***	0.154***	0.154***	−0.122***	−0.122***	−0.0453***	−0.0459***
	(−50.85)	(−50.86)	(63.04)	(63.02)	(−73.84)	(−73.83)	(−4.29)	(−4.36)
ROIC	2.840***	2.839***	−6.600***	−6.600***	7.090***	7.091***	1.691***	1.678***
	(80.74)	(80.73)	(−59.12)	(−59.12)	(130.12)	(130.13)	(7.69)	(7.64)
Yingye Profit	0.248***	0.248***	−0.390***	−0.390***	0.489***	0.489***	0.186***	0.186***
	(69.72)	(69.72)	(−78.52)	(−78.51)	(109.37)	(109.37)	(8.18)	(8.19)
_cons		−4.999***		0.886***		−15.89***		5.515***
		(−44.09)		(4.17)		(−118.48)		(13.68)

续表

变量	（1）全样本		（2）国企		（3）民企		（4）中外合资企业	
模型	FE	RE	FE	RE	FE	RE	FE	RE
N	5248	5248	1138	1138	3475	3475	320	320

注：t statistics in parentheses,* p<0.1,** p<0.05, *** p<0.01。

4.3.4 小结

通过收集上市公司 2011—2018 年对外直接投资的情况，将“一带一路”倡议实施的时间节点纳入分析框架，在实证分析的基础上，得出如下结论：

第一，“一带一路”倡议的实施，对企业对外直接投资创新效应的提升，有正向、积极的促进作用。其中，对于国有企业的对外直接投资创新效应的发挥，促进作用更明显。

第二，对于地处“一带一路”重点省份的企业，在开展对外直接投资时，创新能力和水平的提升更显著。相较于民企和中外合资企业而言，国企的这种效应更为显著。

第三，政府补贴显著地、正向影响对外直接投资对企业创新水平和创新能力的提升。“一带一路”倡议的实施不仅给企业“走出去”提供了重要的新机遇和广阔的发展平台，而且为企业提供了相应的政策支持和财政补贴。所以，中国企业在参与“带路”合作投资项目的过程中，随着政府支持力度的加大和优惠措施的落实，对外直接投资给企业带来的创新效应会更加显著。

4.4 实证分析（二）——区域层面

区域创新能力已经成为并将继续成为衡量一个地区国际竞争力和经济发展实力的重要指标（沙文兵和李莹，2018）。以中国现有的技术水平，除了通过加大研发投入来提升区域的创新能力和水平之外，通过对外直接投资获取逆向技术溢出已经成为提升中国区域创新能力和创新水平不可缺少的重要推动力（冉启英 等，2019）。在“一带一路”背景下，中国对外直接投资的区域创新效应研究，可以为国家创新驱动战略的实施提供有益的借鉴。因此，有必要深入分析中国对外直接投资的区域创新效应，厘清其内在的影响机理，从而为中国对外直接投资效应的均衡发展提供相应的理论基础和实证支持。

4.4.1 问题提出

《中国区域创新能力评价报告 2019》数据显示，连续 3 年，广东在区域创新能力方面的表现均居全国首位，北京、江苏、上海、浙江、山东等地排名紧随广东之后。2015—2019 年，广东创新能力提升步伐明显加快，领先优势持续扩大。这与“对创新的高度重视与投入，对外开放度高，外贸经济发达”是高度相关的。区域创新能力的高低与各区域参与对外经济合作的程度是密切相关的。从 2003—2018 年中国 OFDI 流量和存量的数据也可以看出，中国 OFDI 规模排名前三的省（自治区、直辖市）中，广东省的对外直接投资表现一直坚挺，除 2010 年外，其余年份，均在前三名之列，在 2006—2008 年、2011—2014 年以及 2018 年排名第一。上海、北京、山东、江苏和浙江等地的对外直接投资量排名与区域创新能力的排名也大致相当。因此，有必要研究区域对外直接投资对区域创新的影响强度以及影响机制。

关于中国区域对外直接投资的影响效应，目前国内研究比较多地聚焦在对外直接投资对区域技术创新的溢出效应方面。如沙文兵（2012）认为，中国对外直接投资通过逆向技术溢出对国内创新能力产生显著的正向效应。谢钰敏等（2014）通过实证分析得出中国对外直接投资对国内模仿创新的能力存在逆向溢出效应，而对自主创新和二次创新的能力反而存在抑制作用。韩先锋（2019）对中国 2006—2015 年的省级面板数据进行了分析，实证检验了 OFDI 逆向创新的价值链外溢效应，结果表明，中国的对外直接投资能显著促进逆向创新价值链外溢效应的产生，其中对于技术开发能力的积极影响效应大于对技术转化能力所产生的影响效应。除此之外，赵恒园和刘宏（2020）通过构建理论模型和空间计量模型，分析检验了 OFDI 对长三角地区创新能力和水平的影响。研究结果表明，长三角地区的创新水平存在空间溢出效应，区域间的直接经济联系的紧密度将对外直接投资带来的技术溢出效应在空间上可以扩散至整个长三角地区。

总的来看，目前国内对于对外直接投资的区域创新效应，从“一带一路”倡议实施的背景来看待“一带一路”合作实施前后，对外直接投资对区域创新的影响效应的变化，已有的研究还尚少。尤其是结合“一带一路”倡议的特殊背景和特定时机，如何将母国的特定优势在促进企业特定优势与东道国特定优势结合的过程中更好地发挥相应的作用的研究，还不具体不深入。基于此，本研究在已有研究的基础上，利用省级面板数据，实证分析“一带一路”背景下中国对外直接投资的区域创新效应，对比分析代表母国国家特定优势的“一带一路”倡议在其实施前后的变化，进一步凸显“一带一路”背景下中国特定的国家优势所能发挥的作用和效果，同时关注不同区域，如东、中、西部，创新效应的差异，以期从较为全面的视角实证检验“一带一路”背景下中国对外直接投资的区域创新效应。

4.4.2 机制说明与实证模型设计

（1）机制说明

“一带一路”背景下的中国对外直接投资，一方面，对于参与对外直接投资的企业来说，在其“抱团出海”的过程中，会“约定俗成”“优胜劣汰”地在区域范围内形成产业集聚；另一方面，随着对外直接投资的发展，产业转移效应和技术溢出效应的逐步发挥，参与 OFDI 的企业具备新的竞争优势，从而形成新的企业上、下游之间的产业集聚。根据 Krugman（1995）的中心—外围模型，一个经济规模很大的地区会形成产业集聚，集聚程度越高，交易成本（包括运输成本等）越低，对其他厂商越有吸引力。一方面，集聚经济产生的外部性使得成本降低；另一方面，产业的集聚效应，加强了地区的区域优势。这种比较优势直接表现为企业的创新能力和创新水平的优势。而由于产业集聚效应表现出空间溢出效应，即在区域范围内，参与对外直接投资的企业会促进产业的集聚，而产业的集聚会带来溢出效应，会带来空间上区域范围内的创新效应，即产业集聚通过技术溢出效应和规模经济效应促进区域创新（张可，2019）。同时，企业上下游之间的协同集聚，比如相关配套产业的协同集聚对企业的技术创新有显著的提升作用（刘胜 等，2019），且随着产业集聚协同效度提高，企业的创新能力和水平也得到相应的提高。企业在产业集聚协同效应的影响下，通过资源配置效应和知识溢出效应又会带来区域创新能力和水平的提高，亦即产业集聚对区域创新能力和水平有正向的提升作用（赵婷婷和许梦博，2020）。

胡琰欣等（2018）认为中国的 OFDI 对区域创新效率水平的提升有明显的推动作用，只是这种积极的推动作用存在一定的滞后效应。李磊和邓颖（2020）认为企业的对外直接投资行为会通过多种方式对相邻企业产生影响效应，在实证分析的基础上得出，企业在省份范围内的空间溢出效应影响较弱，而在行业内部以及细分投资市场的空间效应影响较强，由此，进一步地提出应利用相邻企业的对外直接投资信息和经验，发挥企业之间的学习效应，提高我国企业对外直接投资的成功率。同时，国际直接投资会通过知识、资本、技术和管理经验的跨境流动产生逆向技术溢出、要素和资源优化配置等效应，从而对一国产业结构调整和升级产生重要影响（宛群超 等，2019）。而产业结构的升级与调整会在很大程度上促进地区创新能力和水平的提升，尤其是产业结构调整与升级过程中带来的产业集群和产业集聚。所以，一方面，对外直接投资会通过产业集聚产生创新效应，另一方面，产业集聚又会通过多种外部性和多重外部性等空间溢出效应产生区域范围内的创新效应。

根据裴长洪和郑文（2011）所提出的国家特定优势论可知，国家在国际投资领域的作用明显增强，尤其是“一带一路”背景下，中国对外直接投资的推进，国家和政府在对外直接投资中的组织优势得以突出体现。对于区域层面参与对外直接投资的各个省份，传统的对外直接投资可以通过产业转移效应和产业升级效应等获得创新资源和创新要素的累积，从而提升区域层面的创新能力和水平。已有的研究表明，一国通过对外直接投资，参与到全球价值链分工体系中，产业或部门间的升级是基于全球价值链分工格局下的多种形态的升级，包括产品、工艺、流程、功能和价值链等方面。因此，基于全球价值链体系的对外直接投资，需要在充分考虑国家核心利益的前提下，通过更精心的顶层设计来服务于新时代的产业升级（盛斌和陈帅，2015；张中元，2017）。在“一带一路”背景下，高质量推进共建“一带一路”的过程中，各区域在国家顶层设计的政策指引下，通过出台相应的产业政策，引导有条件和优势的产业向高新技术产业和高端制造业方向发展，形成新的产业集聚和产业集群，从而提升整个区域范围内的创新能力和水平。那么，一方面，各区域在响应“一带一路”倡议的过程中，在积极参与“一带一路”投资项目的进程中，按政府对国内特定产业的发展进行组织、扶持、规划与引导，形成本区域对外直接投资的优势，从而提升区域竞争力；另一方面，通过对外直接投资，各区域的产业结构调整，要素的有效分配，在区域范围内形成的产业集聚效应会带来区域创新能力和水平的提升。

（2）计量模型设定

根据前文研究方法的说明，本小节实证环节继续借鉴 DID 模型在实证分析中的运用，在已有研究（陈强，2014；董秀良 等，2018）的基础上，采用 DID 的思想，利用分组虚拟变量（纳入"一带一路"规划的重点省份的区域和未纳入"一带一路"规划的重点省份的区域）与分期虚拟变量（"一带一路"规划重点省份确定前和"一带一路"规划重点省份确定后）的交乘项，来对时间效应和分组效应进行控制，并与区域对外直接投资的代理变量相乘，来综合考察"一带一路"倡议对 OFDI 的区域创新效应的促进作用。在实证模型中，用 $List_i$ 表示分组虚拟变量，用 $Post_t$ 表示分期虚拟变量。

由于 OFDI 的创新效应会存在时滞，本研究使用各区域未来两年的科技水平作为创新的代理变量，基于双重差分模型和已有的研究成果，构建以下实证模型，称为模型Ⅱ：

$$INN_{i,t+2}=\alpha_0+\alpha_1 OFDI_{i,t}+\alpha_2 List_i+\alpha_3 List_i\times OFDI_{i,t}+\alpha_4 List_i\times Post_t\times OFDI_{i,t}+\gamma X_{i,t}+\eta X_{i,t}\times OFDI_{i,t}+\varepsilon_{i,t}$$

其中，$INN_{i,t+2}$ 表示各区域的未来的创新水平，其值等于各区域 t+2 期的创新水平；$OFDI_{i,t}$ 表示各区域对外直接投资的水平，其值等于 t 期各省对外直接投资的存量；$List_i$ 是分组虚拟变量（纳入"一带一路"规划的重点省份为 1，否则为 0）；$Post_t$ 为分期虚拟变量（"一带一路"规划重点省份确定后取值为 1，否则取 0）。在模型Ⅱ中，本研究将是否为"一带一路"规划的重点省份的虚拟变量 $List_i$ 纳入模型中，主要是可以将纳入"一带一路"规划的重点省份和未纳入"一带一路"规划的重点省份，进行对比分析，以排除样本期内其他政策因素的影响。模型Ⅱ中最主要的是考察交乘项 $List_i\times Post_t\times OFDI_{i,t}$ 的回归系数 α_4 的值是否为正数，且通过显著性检验。如果 α_4 的系数显著为正，则说明"一带一路"倡议能显著促进各区域 OFDI 的创新效应。此外，模型Ⅱ中，$X_{i,t}$ 代表控制变量，包括各省的经济发展水平、教育水平、集聚水平和对外开放程度等。在模型中，除了加入控制变量之外，还加入了控制变量与 OFDI 的交乘项，是为了更好地检验对外直接投资对于区域创新能力和创新水平的提升和促进作用。

4.4.3 变量说明与实证结果分析

（1）变量描述与数据来源

本小节重点关注中国对外直接投资的区域创新效应，故收集了2010—2018年中国31个省（自治区、直辖市，不含港澳台地区）对外直接投资的数据和区域的经济发展水平、产业集聚水平、外商投资水平、对外开放水平以及教育水平等方面的数据。具体变量及数据来源见表4–9。

表4–9 变量及数据来源

变量名称		变量缩写	变量含义	数据来源
因变量	各省份科学技术支出	INN	区域创新发展水平	国泰安数据库
核心自变量	各省份对外直接投资存量，取对数	OFDI stock	各省份对外直接投资水平	2010—2018年《中国对外直接投资统计公报》
	各省份对外直接投资流量，取对数	OFDI flow		
	“一带一路”倡议实施与对外直接投资以及分组虚拟变量的交乘项	List × Post × OFDI	“一带一路”倡议对于区域OFDI创新效应的促进作用	2010—2018年《中国对外直接投资统计公报》、中国“一带一路”网
控制变量	各省份贸易开放度	Tarde of GDP	区域对外开放程度	《中国统计年鉴》，国家统计局网站
	各省份利用外商投资数量	FDI	区域吸引外商投资的水平	《中国统计年鉴》2010—2018年
	产业集聚水平	Agg	产业集聚效应	国泰安数据库
	各省份人均GDP，取对数	Per GDP	区域经济发展水平	国泰安数据库
	市场化指数	Marketindex	区域营商环境	王小鲁、樊纲的《中国分省份市场化指数报告》
	各省份每万人拥有的高校数，取对数	edu	区域教育发展水平	国家统计局网站

被解释变量。被解释变量为各省的创新发展水平。已有的文献中广泛使用专利授权数（Acs et al.，2002）来表示创新的产出水平。本小节综合已有的研究成果，用各省（自治区、直辖市，不含港澳台地区。为方便阅读，以下省略“不含港澳台地区”字样）的科技支出水平表示区域的创新水平，指标数值的高低，代表创新水平的高低。

解释变量。本章重点关注交乘项 $List_i \times Post_t \times OFDI_{i,t}$ 的回归系数 α_4 的值是否为正数，且通过显著性检验。关注“一带一路”倡议的实施能否促进中国的对外直接投资在区域层面的创新能力和水平的提升。控制变量包括各省、自治区、直辖市的经济发展水平、教育水平、对外开放水平、集聚水平和市场化指数，分别用各省（自治区、直辖市）的人均 GDP、每万人拥有的高校数、进出口总和占 GDP 的比重、行业集聚指标和市场化指数评分来表示。

主要变量的描述性统计如表 4-10 所示。

表 4-10　主要变量的描述性统计

Variable	Obs	Mean	Std. Dev.	Min	Max
INN	279	1011416	1288854	27112.00	10300000
OFDI stock	279	7060289	15900000	1229.06	133000000
OFDI flow	279	1386416	2473961	12.6	15900000
Trade of GDP	279	0.276	0.321	0.017	1.587
FDI	279	9377.35	15730.67	34.141	127285.90
Agg	279	0.32	0.73	0	5.138
Per GDP	279	50030.75	24696.01	13119.00	140211.20
Marketindex	279	6.301	2.146	-0.23	10.497
edu	279	81.287	40.023	6	167

（2）实证结果分析

本章利用软件 Stata14.0，采用 2010—2018 年的样本数，重点关注“一带一路”倡议的实施对区域对外直接投资创新效应的积极影响，用滞后两期的省级科技支出水平作为区域创新水平的代理变量，对“一带一路”背景下中国对外直接投资的区域创新效应进行实证分析。具体实证结果见表 4-11。

表 4-11 实证结果 1

变量	(1) 全样本	(2) 东部	(3) 中、西部	变量	(1) 全样本	(2) 东部	(3) 中、西部
OFDI stock	2.635	0.172	1.462	edu	-4.046*	12.51*	-7.344*
	(1.57)	(0.03)	(0.61)		(-2.04)	(2.63)	(-2.51)
List	-9.918***	2.400	-8.869**	OFDI stock × Trade of GDP	-0.402	0.289	-0.158
	(-4.64)	(0.47)	(-2.83)		(-1.53)	(0.55)	(-0.22)
List × OFDI	0.633***	-0.180	0.602**	OFDI stock × FDI	-0.107	0.181	-0.127
	(4.43)	(-0.57)	(2.78)		(-1.22)	(1.34)	(-0.91)
List × Post × OFDI	0.0411**	0.0381	0.00763	OFDI stock × Agg	-0.00237	-0.152	1.455
	(2.99)	(1.58)	(0.40)		(-0.02)	(-1.16)	(0.79)
Trade of GDP	3.609	-3.876	1.211	OFDI stock × Per GDP	-0.319	0.0690	-0.275
	(0.88)	(-0.46)	(0.12)		(-1.80)	(0.10)	(-1.05)
FDI	2.226	-3.737	2.318	OFDI stock × Market index	0.115*	0.156	-0.0390
	(1.73)	(-1.66)	(1.19)		(2.42)	(0.98)	(-0.54)
Agg	-0.0502	1.784	-16.23	OFDI stock × edu	0.195	-0.853**	0.523*
	(-0.03)	(0.83)	(-0.59)		(1.42)	(-2.82)	(2.53)
Per GDP	4.261	-2.179	4.352	_cons	-22.18	30.78	-16.33
	(1.71)	(-0.20)	(1.20)		(-0.94)	(0.32)	(-0.49)
Marketindex	-1.390*	-1.792	0.460	N	254	74	180
	(-1.99)	(-0.71)	(0.46)				

注：*t* statistics in parentheses,* $p<0.1$,** $p<0.05$,*** $p<0.01$。

从实证结果来看，对于全样本，交乘项 $List_i \times Post_t \times OFDI_{i,t}$ 的系数 α_4 显著为正，说明"一带一路"倡议实施，对于区域对外直接投资的创新效应的提升有显著的促进作用。对于分区域后的样本，实证结果表明，OFDI 正向促进了中、西部地区创新能力和水平的提升，但这种促进作用不显著。对于全样本而言，$List_i \times OFDI_{i,t}$ 的系数显著为正，这表明被纳入“一带一路”重点省份的区域，其对外直接投资的创新效应，受“一带一路”倡议实施的积极影响作用比较明显。

为避免内生性，本研究将因变量滞后一期纳入模型，实证结果与上述实证结果基本一致，核心自变量 $List_i \times Post_t \times OFDI_{i,t}$ 的系数 α_4 显著为正，具体见表 4-12。

表 4-12 实证结果 2

变量	(1)全样本	(2)东部	(3)中、西部
OFDI stock	2.650	2.359	0.900
	(1.66)	(0.47)	(0.40)
List	-9.377***	1.914	-7.919**
	(-4.60)	(0.44)	(-2.69)
List × OFDI	0.609***	-0.0707	0.547**
	(4.48)	(-0.26)	(2.69)
List × Post × OFDI	0.0422**	-0.0236	0.0129
	(3.23)	(-1.55)	(0.72)
Trade of GDP	2.278	-8.454	-3.395
	(0.58)	(-1.15)	(-0.37)
FDI	1.580	-3.708	2.065
	(1.29)	(-1.75)	(1.13)
Agg	-0.221	2.767	-7.959
	(-0.13)	(1.37)	(-0.31)
Per GDP	4.562	2.356	3.763
	(1.93)	(0.27)	(1.11)
Marketindex	-0.836	-0.395	0.581
	(-1.25)	(-0.17)	(0.62)

续表

变量	（1）全样本	（2）东部	（3）中、西部
edu	−3.879*	4.680	−6.731*
	(−2.06)	(1.23)	(−2.46)
OFDIstock × Trade of GDP	−0.306	0.517	0.234
	(−1.22)	(1.11)	(0.35)
OFDI stock × FDI	−0.0636	0.190	−0.112
	(−0.76)	(1.50)	(−0.86)
OFD Istock × Agg	0.0118	−0.165	0.899
	(0.12)	(−1.35)	(0.52)
OFDI stock × Per GDP	−0.333*	−0.236	−0.214
	(−1.98)	(−0.43)	(−0.88)
OFDI stock × Market Index	0.0714	0.0237	−0.0513
	(1.55)	(0.16)	(−0.76)
OFDI stock × edu	0.189	−0.316	0.481*
	(1.45)	(−1.28)	(2.49)
cINN	0.297***	0.860***	0.302***
	(5.14)	(5.02)	(4.92)
_cons	−27.31	−11.94	−14.83
	(−1.21)	(−0.15)	(−0.47)
N	254	74	180

注：*t* statistics in parentheses,* $p<0.1$,** $p<0.05$, *** $p<0.01$。

（3）稳健性分析

为了保证回归结果的稳健性，本研究将区域对外直接投资的代理变量用流量替代模型中的存量，进行实证分析，结果显示，交乘项仍然显著为正。同时，将因变量滞后一期纳入模型中，实证结果不变。具体见表4–13和表4–14。

表 4-13 稳健性检验 1

变量	（1）全样本	（2）东部	（3）中、西部
OFDI flow	2.335	10.68	0.473
	(1.36)	(1.76)	(0.20)
List	-8.383***	-0.154	-7.165**
	(-4.92)	(-0.03)	(-2.90)
List × OFDI	0.600***	-0.0270	0.532**
	(4.68)	(-0.07)	(2.77)
List × Post × OFDI	0.0269*	0.0515*	0.00648
	(1.99)	(2.03)	(0.39)
Trade of GDP	3.076	0.0543	1.126
	(0.84)	(0.01)	(0.15)
FDI	1.555	-3.218	1.387
	(1.20)	(-1.37)	(0.73)
Agg	-0.242	-0.941	-4.363
	(-0.14)	(-0.44)	(-0.19)
Per GDP	3.537	15.73	2.489
	(1.49)	(1.68)	(0.76)
Marketindex	-0.736	-4.218	0.801
	(-1.14)	(-1.67)	(0.82)
edu	-3.413*	6.974	-5.894*
	(-2.02)	(1.74)	(-2.53)

续表

变量	（1）全样本	（2）东部	（3）中、西部
OFDI flow × Trade of GDP	−0.380	0.0201	−0.150
	(−1.48)	(0.03)	(−0.25)
OFDI flow × FDI	−0.0719	0.170	−0.0759
	(−0.73)	(1.08)	(−0.50)
OFDI flow × Agg	0.00622	0.0203	0.739
	(0.05)	(0.14)	(0.44)
OFDI flow × Per GDP	−0.292	−1.131	−0.160
	(−1.57)	(−1.73)	(−0.61)
OFDI flow × Market Index	0.0780	0.338	−0.0703
	(1.60)	(1.91)	(−0.90)
OFDI flow × edu	0.175	−0.560	0.459*
	(1.33)	(−1.97)	(2.47)
_cons	−15.43	−126.3	−0.165
	(−0.71)	(−1.46)	(−0.01)
N	254	74	180

注：*t* statistics in parentheses,* $p<0.1$,** $p<0.05$,*** $p<0.01$。

表 4-14 稳健性检验 2

变量	(1)全样本	(2)东部	(3)中、西部
OFDI flow	2.460	16.21*	0.0232
	(1.52)	(2.64)	(0.01)
List	-8.601***	4.839	-7.430**
	(-5.37)	(0.82)	(-3.23)
List × OFDI	0.629***	-0.306	0.561**
	(5.22)	(-0.77)	(3.13)
List × Post × OFDI	0.0323*	-0.00793	0.0193
	(2.54)	(-0.24)	(1.21)
Trade of GDP	3.340	-0.970	-1.623
	(0.97)	(-0.11)	(-0.23)
FDI	0.925	-4.196	1.413
	(0.76)	(-1.86)	(0.80)
Agg	-0.626	-0.427	-0.411
	(-0.37)	(-0.21)	(-0.02)
Per GDP	4.065	23.93*	2.202
	(1.83)	(2.53)	(0.72)
Marketindex	-0.219	-5.054*	0.791
	(-0.36)	(-2.09)	(0.87)
edu	-3.708*	4.455	-6.013**
	(-2.34)	(1.14)	(-2.77)
OFDI flow × Trade of GDP	-0.392	0.103	0.132
	(-1.63)	(0.16)	(0.24)
OFDI flow × FDI	-0.0262	0.236	-0.0816
	(-0.28)	(1.56)	(-0.57)

续表

变量	（1）全样本	（2）东部	（3）中、西部
OFDI flow × Agg	0.0387	0.0239	0.421
	(0.36)	(0.18)	(0.27)
OFDI flow × Per GDP	−0.328	−1.768*	−0.121
	(−1.87)	(−2.65)	(−0.50)
OFDI flow × Market Index	0.0321	0.365*	−0.0721
	(0.69)	(2.17)	(−0.99)
OFDI flow × edu	0.203	−0.331	0.468**
	(1.65)	(−1.17)	(2.70)
cINN	0.319***	0.631*	0.307***
	(5.69)	(2.57)	(5.07)
_cons	−21.68	−204.1*	−0.322
	(−1.06)	(−2.34)	(−0.01)
N	254	74	180

注：*t* statistics in parentheses,* $p<0.1$,** $p<0.05$,*** $p<0.01$。

表 4–14 中，将因变量的滞后一期纳入实证模型，得出交乘项 $List_i \times Post_t \times OFDI_{i,t}$ 的结果系数更大更显著。

4.5 小　结

借鉴 DID 的思想，通过设立实证模型，分析"一带一路"背景下中国对外直接投资的区域创新效应，检验了"一带一路"倡议实施对 OFDI 的区域创新效应的促进作用，得出的基本结论如下：

第一，"一带一路"倡议的实施，显著地促进了中国对外直接投资的区域创新效应。

第二，对于纳入"一带一路"规划的重点省份，受"一带一路"倡议实施的积极影响作用比较明显。

第三，对于东部地区和中、西部地区，“一带一路”倡议的实施所产生的影响作用存在地区差异，但是这种差异不显著。对于中、西部地区，所有的实证结果显示，“一带一路”倡议的促进作用是正向的，但是系数不显著。这个可能的解释是：一方面，“一带一路”倡议还在逐步实施和推进之中，随着各类“一带一路”投资合作项目的逐步实施和落实，后期可能中、西部地区的这种积极影响作用会变得显著；另一方面，在构建“双循环”新发展格局的过程中，在打造国内循环的过程中，产业集群和区域集群的构造，会打破传统的东、中、西部的区域划分，需要区域与区域之间协同联动，创新效应的发挥可能更加明显。

第四，“一带一路”倡议的实施，对被纳入“一带一路”规划的重点省份而言，正向、积极的影响作用比较显著。这表明，被纳入“一带一路”重点省份的地区，在积极参与“一带一路”投资合作项目的过程中，能更好地发挥已有的优势作用，将对外直接投资的影响效应向创新效应方面转化。

第五章 “一带一路”背景下中国OFDI对东道国的创新效应研究

中国对外开放格局伴随着“一带一路”倡议的提出和逐步落实，由原先“引进为主”的格局，转向“引进来”和“走出去”并举的格局。在“一带一路”背景下，中国通过加大对外直接投资的力度，以此来实现中国产业转型，提升国际竞争力，促进中国与“一带一路”沿线国家经济的共同增长与发展（高菠阳 等，2019），成为“一带一路”倡议实施的重要内容之一。中国企业共建“一带一路”有不同的发展阶段，其中第一个阶段是越来越多的中国企业完成国际化的成长，在“共商、共建、共享”理念的指引下，与东道国一起为实现共同发展的目标和解决发展难题而逐步形成利益共同体（柯银斌，2019）。跨国公司在开展对外直接投资的过程中，需要投资国和引资国的目标相匹配，投资项目才能顺利推进。在“一带一路”背景下，中国对外直接投资除了关注对母国的影响效应，对东道国的影响效应的研究也是必不可少的。本章将聚焦东道国层面，通过实证分析，检验中国对外直接投资，在母国特定优势的影响下，对于东道国而言，是否也能带来创新水平的提升。

5.1 问题提出

在“一带一路”背景下，中国的对外直接投资已经将中国与各东道国的利益关联起来，在构建区域利益共同体和人类命运共同体方面发挥着重要的作用。

对于对外直接投资对东道国的影响效应，在实证研究中，学者一般从贸易创造效应、就业、国内投资、国民收入、经济增长以及全球价值链提升等方面来检验对外直接投资的积极影响。但也有部分文献认为 OFDI 对东道国的积极影响效应不显著，如 Herzer 等、Golitsis 等认为外商直接投资与经济增长和资本形成之间的关系不明显或者存在负面的长期影响。尽管如此，Moon 认为虽然对外直接投资的负面影响不容忽视，但整体而言对外直接投资可能对东道国和母国产生的积极影响更多。

“一带一路”背景下的中国对外直接投资，在母国特定优势的影响下，“一带一路”倡议推进过程中所提供的政策优惠和补贴可以带来更多投资额的增长，但这种投资能否带来可观的投资收益是关键。已有的研究得出母国的特定优势可以促进更多的海外投资数量的增加（吕越 等，2019），可以给东道国带来经济方面的投资收益，如收入增长、就业增加等。但在高质量地推进“一带一路”倡议实施的过程中，“一带一路”背景下的对外直接投资，不仅是量上的增加，更需要关注质的提升，不仅仅是经济层面的投资回报，还需要有经得起时代检验的、可持续的创新效应。所以，在新的时代背景下，只有投资项目的增加和经济层面的成效，不足以检验现阶段“一带一路”背景下的对外直接投资成效。而对外直接投资创新方面的投资成效作为开放型世界经济发展的题中应有之义，一方面是对新的国际经济形势作出的积极回应；另一方面也是与高质量推进“一带一路”倡议实施的理念高度一致。那么，“一带一路”背景下中国对外直接投资创新方面的投资成效可以作为一个重要的检验指标，去衡量和检测“一带一路”背景下中国 OFDI 项目的质量。基于此，本章对“一带一路”背景下中国对外直接投资对东道国的影响效应，从创新方面的成效进行探究。

对外直接投资对东道国创新方面的影响效应，已有的研究主要分为两个方面：一是发达国家对发展中国家的投资，Lipsey 和 Weiss（1984）、Blomstrom 等（1994）认为，对外直接投资对东道国而言，可以降低国内的生产成本，扩大市场规模，产生更大的利润，有更多的资本进行创新；二是发展中国家对发达国家的投资，Ozawa（1992）认为，对外直接投资对东道国而言，获得更多的资本投入到新兴产业当中，国内的产业结构随之得到调整和升级，生产效率会得到进一步的提升，进而带来创新能力和水平的提升。对中国对外直接投资的创新效应，已有的研究更多地集中在对于本国的创新效应提升的探讨。而对东道国创新方面的影响效应探讨相对较少，刘海云和董志刚（2018）、姚战琪和夏杰长（2018）、彭澎和李佳熠（2018）等从对外直接投资对东道国全球价值链提升的角度，探讨了可能存在的在技术水平提升方面的积极影响。

从"一带一路"倡议所提出的"共商、共建、共享"的理念来看，在对外直接投资的过程中忽略东道国的福祉或者没有将东道国的福祉作为考量的重要内容是失之偏颇的。"一带一路"背景下中国对外直接投资对东道国创新效应的探讨，不仅能进一步凸显"一带一路"的理念和原则，还能体现中国在推进人类命运共同体建设方面的决心和行动。宋泽楠和尹忠明（2013）指出在对外直接投资的过程中，要充分尊重东道国的各类资源（如管理资源、知识资源、人力资源及其人力资源制度和文化），平衡不同层级主体的利益诉求，不仅是短期利益诉求，更要兼顾长期利益诉求，并以此作为合作的基础，逐步形成合作共赢、成就彼此目标的共同发展理念，构建风险共担、利益共享的深度关联合作机制，使东道国在吸引外资的过程中获得更多实实在在的收益，并且不仅仅是短期经济利益方面的收益，更是长期的、可持续的收益。在这个过程中，对母国的政策引领能力、整体协调能力、执行能力和资源整合能力也都提出了更高的要求。这也意味着企业在 OFDI 的过程中，企业自身的特定优势不仅需要和东道国的特定优势融合，还需要母国的国家特定优势发挥重要的作用。尤其在当前全球国际投资呈下滑的趋势下，中国在"一带一路"沿线合作国家的投资量不仅没有下滑，反而呈增长的趋势，"一带一路"倡议的实施是不是发挥了关键的作用呢？具体而言，在"一带一路"倡议实施过程中，母国特定优势在促进企业特定优势与东道国特定优势的结合方面发挥了怎样的作用呢？还需要得到实证的进一步验证，现有的研究还有待继续深入。

本章试图从东道国的视角来探讨"一带一路"背景下中国 OFDI 的创新效应。不仅可以对中国在"一带一路"倡议实施过程中的对外直接投资效应进行相应的评估，也能为中国与"一带一路"沿线国家共同参与区域经济合作，解决创新发展中的难题提供一点参考。

5.2 机制说明与实证模型设计

5.2.1 机制说明

内生增长理论和外生增长理论强调OFDI对东道国的经济发展、技术进步、就业、收入等方面所产生的相应影响。以Romer（1986，1990）提出的内生增长理论为代表，阐述和剖析了对外直接投资与经济增长的内在机理和相关关系。在内生增长模型中，外商直接投资通常被认为比国内投资具有更高的生产力，因为外商直接投资鼓励将新技术纳入东道国经济的生产函数（Borensztein et al.，1998）。在这种观点中，与外商直接投资相关的技术溢出效应能够弥补资本收益递减的不利影响，并使经济长期保持增长。此外，内生增长理论强调外商直接投资可以通过劳动力培训和技能获取，以及通过引入替代管理做法和组织安排来增加东道国经济中现有的知识储备，从而促进长期增长（Elboiashi，2011）。因此，通过资本积累和知识溢出，外商直接投资可能对经济增长起重要作用（Herzer et al.，2008）。Solow（1956）提出的外生增长理论，通常被称为新古典增长模型或索洛－斯旺（Solow-Swan）增长模型。该理论假设经济增长是通过外部生产要素（如资本积累和劳动力存量）产生的。因此，如果新的外商直接投资引入技术可以提高劳动力和资本存量的生产率，这将有利于投资回报的进一步增加。总的来说，外生增长理论认为外商直接投资增强了东道国的资本存量，进而通过资本形成的积累促进经济增长向新的稳定状态发展。Herzer等（2008）认为引进外资对经济增长的影响是双重的：一方面，引进外资可以通过引进新货物和外国技术，通过资本积累来影响经济增长。这种观点来自外生增长理论。另一方面，引进外资可以通过知识转移增加东道国的知识储备来促进经济增长。这种观点来自内生增长理论（Elboiashi，2011）。因此，从理论上讲，对东道国而言，通过引进吸收外资可以实现经济增长的目的。

对于东道国来说，吸引外商直接投资，不仅可以向投资国出口更多的中间品，还可以吸收来自投资国先进的科学技术、生产工艺和管理流程，获得正向技术溢出带来的好处。正是这种正向的技术溢出，使得东道国企业可以更好地发挥本地市场效应，促进产业结构的升级，从而促进东道国创新能力建设和创新水平的提高。同时，“一带一路”背景下的中国对外直接投资，母国特定的优势，在促进企业特定优势与东道国特定优势的融合方面发挥了不同于传统时期的积极作用，因而使得东道国可以通过特定优势的整合效应，获得更多创新资源和创新要素的累积，从而促进本国创新能力和创新水平的提升，如图 5-1 所示。

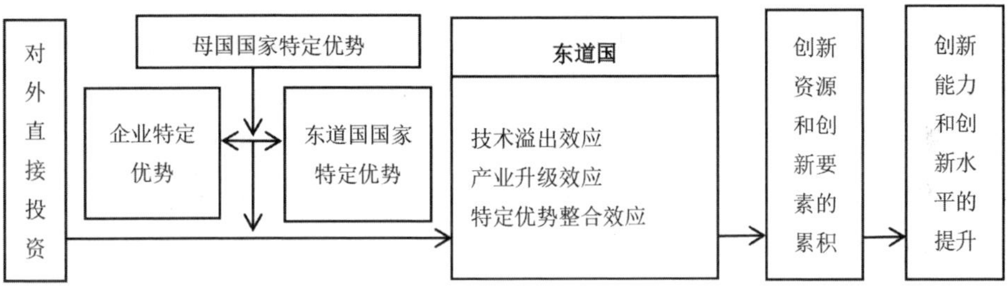

图 5-1 “一带一路”背景下中国对外直接投资创新效应的发生机制
——东道国层面

5.2.2 模型设计

本章以“一带一路”倡议的提出为契机，重点关注对外直接投资活动中，母国国家特定优势在促进企业特定优势与东道国国家特定优势融合的过程中，如何促进对外直接投资的创新效应。所以，将代表母国国家特定优势的“一带一路”倡议作为主要变量，纳入实证模型，考查“一带一路”倡议的实施能否显著促进中国对外直接投资给各东道国带来创新效应的提升。在国家层面，由于 OFDI 的创新效应会存在时滞，本章在讨论中国对各东道国的对外直接投资创新效应时，使用未来两年各东道国的高科技产品出口占该国制成品出口的比重作为创新的代理变量，基于双重差分模型和已有的研究成果，借鉴董秀良等（2018）的做法，构建以下实证模型，称为模型Ⅲ：

$$INN_{i,t+2}=\alpha_0+\alpha_1 OFDI_{i,t}+\alpha_2 List_i+\alpha_3 List_i\times OFDI_{i,t}+\alpha_4 List_i\times BRI_t\times OFDI_{i,t}+\gamma X_{i,t}+\varepsilon_{i,t}$$

其中，$INN_{i,t+2}$ 表示各东道国未来的创新水平，其值等于各东道国 $t+2$ 期高科技产品出口的水平；$OFDI_{i,t}$ 表示中国对各东道国对外直接投资的水平，其值等于 t 期中国在 i 国对外直接投资的存量，实证时取对数；$List_i$ 是分组虚拟变量（"一带一路"沿线国家为1，否则为0）；BRI_t 为分期虚拟变量（"一带一路"倡议提出后取值为1，否则取0）。在模型Ⅲ中，本章将东道国是否为"一带一路"沿线国家的虚拟变量 $List_i$ 纳入模型，主要是可以将"一带一路"沿线国家和非"一带一路"沿线国家进行对照考察和分析，并以此排除本期间其他政策因素的影响。模型中最主要的是交乘项 $List_i \times BRI_t \times OFDI_{i,t}$，考查交乘项的回归系数 α_4 的值是否为正数，且是否通过显著性检验。如果 α_4 的系数显著为正，则说明"一带一路"倡议能显著促进中国 OFDI 在东道国的创新效应。此外，在模型中，$X_{i,t}$ 代表控制变量，包括各东道国的经济发展水平、对外开放程度、教育水平、政治稳定性以及基础设施建设情况等。

在"一带一路"倡议实施的过程中，东道国一国的经济开放水平、对外开放程度、教育水平和政治稳定性等会通过中国对其的直接投资影响自身的创新水平。因此，本章同时构建模型Ⅳ进一步检验"一带一路"倡议对中国对外直接投资对东道国的创新效应的影响。同样，借鉴 Tucker 和 Zarowin（2006）、董秀良等（2018）的做法，构建如下实证模型Ⅳ：

$$INN_{i,t+2}=\alpha_0+\alpha_1 OFDI_{i,t}+\alpha_2 List_i+\alpha_3 List_i \times OFDI_{i,t}+\alpha_4 List_i \times BRI_t \times OFDI_{i,t}+\eta OFDI_{i,t} \times X_{i,t}+\varepsilon_{i,t}$$

模型Ⅳ中的各变量与模型Ⅲ中的变量相同。仍然是考查交乘项 $List_i \times BRI_t \times OFDI_{i,t}$ 的回归系数是否为正数，是否且通过显著性检验。如果交乘项的系数显著为正，则说明"一带一路"倡议能显著促进中国 OFDI 对各东道国创新效应的提升。

5.3 变量说明与实证结果分析

5.3.1 变量描述与数据来源

本章以2013年中国提出"一带一路"倡议为时间节点，重点关注"一带一路"倡议实施能否显著促进中国对外直接投资给各东道国带来创新效应的提升，对比2013年前后，中国对外直接投资创新效应的变化。故收集了2009—2018年中国对外直接投资的数据和各东道国的创新水平、经济发展水平、对外开放程度、各国教育发展水平、基础设施建设情况和政治稳定性等方面的数据。具体数据来源见表 5-1。

表 5-1 变量及数据来源

项目	变量名称	变量缩写	变量含义	数据来源
因变量	各国高科技产品出口占制成品出口的百分比	INNC（Hightech）	各国创新发展水平	《世界发展指标》
	各国高科技产品的出口额	INNC（Hightechex）		
核心自变量	中国在各国直接投资流量，实证时取对数	OFDI stock	中国对各国直接投资情况	2009—2018年《中国对外直接投资统计公报》
	中国在各国直接投资存量，实证时取对数	OFDI flow	中国对各国直接投资情况	2009—2018年《中国对外直接投资统计公报》
	“一带一路”倡议实施与中国对外直接投资以及“一带一路”沿线国家的分组的交乘项	List × BRI × OFDI	“一带一路”倡议实施对中国对外直接投资创新效应的影响	2009—2018年《中国对外直接投资统计公报》
控制变量	各国人均 GDP，实证时取对数	GDP per	各国经济发展水平	《世界发展指标》
	各国进出口总额占 GDP 的比重	Trade of GDP	各国对外开放程度	
	政治稳定性	PV	各国政治稳定性	
	教育公共开支总额占 GDP 的比例	eduzhichu	各国教育发展水平	
	东道国每百万人拥有互联网服务器的数量	Internet IDX	各国基础设施情况	

被解释变量。用各东道国高科技产品出口占本国制成品出口的比重作为被解释变量的代理变量。由于创新效应有滞后性，在实证过程中，用 t+2 期的数据来表示。

解释变量。最重要的核心自变量为“一带一路”倡议的实施对于中国OFDI对各东道国创新效应的影响，具体变量为对外直接投资总额与“一带一路”倡议实施以及“一带一路”沿线国家的交乘项。其中，中国对外直接投资总额的数据来自《中国对外直接投资统计公报》。在具体实证分析过程中，用对外直接投资存量和对外直接投资流量分别作为对外直接投资的代理变量进行实证分析。

控制变量。一国创新水平受多方面因素的制约，如经济发展水平、教育水平、对外开放程度等。本章实证模型中的控制变量包括各国的人均GDP、各国贸易总额占GDP的比重、各国教育发展水平和政治稳定性等。

表5-2分别对全样本、“一带一路”沿线国家样本和非“一带一路”沿线国家的样本在“一带一路”倡议实施前后的变化进行了描述性统计。“一带一路”倡议实施后，各东道国高科技产品出口占制成品出口的比重、高科技产品出口的数额、中国对各东道国直接投资的流量和存量、人均GDP和基础设施建设水平等，与“一带一路”倡议实施之前相比，均有所提升。不管是对“一带一路”沿线国家，还是对非“一带一路”沿线国家，这种提升在“一带一路”倡议实施后均存在。但是相比非“一带一路”沿线国家，“一带一路”沿线国家的这几类指标提升幅度更为明显。

表5-2 主要变量描述性统计

变量		“一带一路”倡议实施前			“一带一路”倡议实施后		
		全样本	“一带一路”沿线国家	非“一带一路”沿线国家	全样本	“一带一路”沿线国家	非“一带一路”沿线国家
Hightech	Mean	10.458	10.032	10.735	11.257	11.604	11.04
	Std. Dev.	11.045	11.828	10.512	12.514	13.025	12.194
Hightechex	Mean	1.2800000000	7.200000000	1.6500000000	1.4300000000	9.130000000	1.7600000000
	Std. Dev.	3.3300000000	2.1100000000	3.8800000000	3.8500000000	2.4400000000	4.5000000000

续表

变量		“一带一路”倡议实施前			“一带一路”倡议实施后		
		全样本	“一带一路”沿线国家	非“一带一路”沿线国家	全样本	“一带一路”沿线国家	非“一带一路”沿线国家
OFDI stock	Mean	2.250000000	7.21000000	3.060000000	6.940000000	2.180000000	9.470000000
	Std. Dev.	2.0900000000	1.660000000	2.5900000000	6.4000000000	5.350000000	7.9000000000
OFDI flow	Mean	4.91000000	1.91000000	6.52000000	8.96000000	3.27000000	1.180000000
	Std. Dev.	3.860000000	4.06000000	4.760000000	7.460000000	9.98000000	9.110000000
GDP per	Mean	14,525.22	12,164.96	15,779.78	14,857.21	12,047.21	16,350.81
	Std. Dev.	21,842.67	14,643.46	24,755.13	22,403.45	13,797.58	25,723.76
Trade of GDP	Mean	69.61	82.074	62.954	65.847	79.462	58.577
	Std. Dev.	42.839	43.43	41.036	41.227	43.325	38.17
PV	Mean	-0.103	-0.324	0.015	-0.108	-0.3	-0.006
	Std. Dev.	0.98	1.002	0.948	0.984	1.026	0.947
eduzhichu	Mean	4.489	4.096	4.727	4.465	4.078	4.657
	Std. Dev.	1.724	1.531	1.791	1.432	1.226	1.489
Internet IDX	Mean	36.243	40.245	34.069	50.625	57.615	46.666
	Std. Dev.	28.202	24.202	29.951	28.75	24.117	30.393

5.3.2 实证结果分析

（1）实证结果

本章利用软件 Stata 14.0，采用 2009—2018 年的样本数，对比 2013 年“一带一路”倡议提出前后，中国对外直接投资的创新效应是否存在相应的变化。中国对各东道国 OFDI 的存量数据相对比较稳定，在实证分析中，以此作为衡量中国对各东道国 OFDI 水平的代理变量，对“一带一路”背景下中国对外直接投资对东道国的创新效应进行分析检验。同时，将各东道国划分为高收入国家、中等收入国家和低收入国家[3]三个类型，分别进行实证分析。表5-3中，栏（1）为全样本回归的结果，栏（2）、栏（3）、栏（4）分别是高收入国家、中等收入国家和低收入国家的样本回归结果，分别考察“一带一路”倡议实施对于中国在向三类不同收入水平的国家进行OFDI时所产生的创新效应的促进作用。模型Ⅲ的具体实证结果如表5-3所示。

3.按照世界银行数据库世界发展指标所划分的类别，高收入国家和地区包括：中国澳门特别行政区、中国香港特别行政区、丹麦、乌拉圭、以色列、克罗地亚、关岛、冰岛、列支敦士登、加拿大、匈牙利、北马里亚纳群岛、卡塔尔、卢森堡、圣基茨和尼维斯、圣马丁（荷属）、圣马丁（法属）、圣马力诺、塞浦路斯、塞舌尔、韩国、奥地利、安提瓜和巴布达、安道尔共和国、巴哈马、巴巴多斯、巴拿马、巴林、希腊、库拉索、开曼群岛、德国、意大利、拉脱维亚、挪威、捷克共和国、摩纳哥、文莱达鲁萨兰国、斯洛伐克共和国、斯洛文尼亚、新加坡、新喀里多尼亚、新西兰、日本、智利、格陵兰、比利时、沙特阿拉伯、法国、法属波利尼西亚、法罗群岛、波兰、波多黎各、海峡群岛、澳大利亚、爱尔兰、爱沙尼亚、特克斯科斯群岛、特立尼达和多巴哥、瑙鲁、瑞典、瑞士、百慕大、直布罗陀、科威特、立陶宛、罗马尼亚、美国、美属维京群岛、芬兰、英国、英属维尔京群岛、荷兰、葡萄牙、西班牙、阿拉伯联合酋长国、阿曼、阿鲁巴、马恩岛和马耳他；中等收入国家和地区包括：不丹、东帝汶、中国、乌克兰、乌兹别克斯坦、亚美尼亚、伊拉克、伊朗伊斯兰共和国、伯利兹、佛得角、俄罗斯联邦、保加利亚、刚果（布）、利比亚、加纳、加蓬、北马其顿、南非、博茨瓦纳、印度、印度尼西亚、危地马拉、厄瓜多尔、古巴、吉尔吉斯斯坦、吉布提、哈萨克斯坦、哥伦比亚、哥斯达黎加、喀麦隆、图瓦卢、土库曼斯坦、土耳其、圣卢西亚、圣多美和普林西比、圣文森特和格林纳丁斯、圭亚那、坦桑尼亚、基里巴斯、塔吉克斯坦、塞内加尔、塞尔维亚、墨西哥、多米尼克、多米尼加共和国、孟加拉国、安哥拉、密克罗尼西亚联邦、尼加拉瓜、尼日利亚、尼泊尔、巴基斯坦、巴布亚新几内亚、巴拉圭、巴西、帕劳、所罗门群岛、摩尔多瓦、摩洛哥、斐济、

表 5-3 回归结果 1

变量	(1) 全样本	(2) 高收入国家	(3) 中等收入国家	(4) 低收入国家
OFDI stock	0.272	0.165	−0.294	0.587
	(0.83)	(0.29)	(−0.62)	(0.73)
List	23.21*	−17.55	31.02*	19.39
	(2.55)	(−1.12)	(2.55)	(0.07)
List × OFDI	−1.162*	1.136	−1.522*	−1.698
	(−2.41)	(1.31)	(−2.39)	(−0.11)
List × BRI × OFDI	0.213*	0.154	0.246*	0.0763
	(2.12)	(0.88)	(2.11)	(0.07)
GDP per	−1.949*	−6.623**	−3.381**	10.31*
	(−2.12)	(−3.19)	(−2.69)	(2.44)
Trade of GDP	−0.00367	−0.00938	−0.0104	−0.0102
	(−0.23)	(−0.42)	(−0.41)	(−0.12)

斯威士兰、斯里兰卡、柬埔寨、格林纳达、格鲁吉亚、毛里塔尼亚、毛里求斯、汤加、波斯尼亚和黑塞哥维那、泰国、津巴布韦、洪都拉斯、海地、牙买加、玻利维亚、瓦努阿图、白俄罗斯、科摩罗、科特迪瓦、科索沃、秘鲁、突尼斯、约旦、约旦河西岸和加沙、纳米比亚、缅甸、美属萨摩亚、老挝、肯尼亚、苏里南、莱索托、菲律宾、萨尔瓦多、萨摩亚、蒙古、贝宁、赤道几内亚、越南、阿塞拜疆、阿尔及利亚、阿尔巴尼亚、阿拉伯埃及共和国、阿根廷、马尔代夫、马来西亚、马绍尔群岛、黎巴嫩和黑山；低收入国家和地区包括：中非共和国、乌干达、乍得、也门共和国、冈比亚、几内亚、几内亚比绍共和国、刚果（金）、利比里亚、南苏丹、卢旺达、厄立特里亚、埃塞俄比亚、塞拉利昂、多哥、尼日尔、布基纳法索、布隆迪、朝鲜民主主义人民共和国、索马里、苏丹、莫桑比克、赞比亚、阿富汗、阿拉伯叙利亚共和国、马拉维、马达加斯加和马里。（来源：世界银行公开数据）

续表

变量	（1） 全样本	（2） 高收入国家	（3） 中等收入国家	（4） 低收入国家
PV	1.095	5.146**	0.841	-3.742
	(1.22)	(2.65)	(0.77)	(-1.57)
eduzhichu	0.773*	2.601**	-0.160	3.528***
	(2.08)	(3.10)	(-0.34)	(3.89)
Internet IDX	0.0116	0.0645	-0.0164	-0.774**
	(0.25)	(0.68)	(-0.30)	(-3.08)
_cons	18.56*	54.51**	45.44***	-74.60*
	(2.16)	(2.82)	(3.59)	(-2.54)
N	596	197	300	99

注：*t* statistics in parentheses, * $p<0.1$, ** $p<0.05$, *** $p<0.01$。

从表 5-3 可知，“一带一路”倡议对中国在各东道国的对外直接投资所产生的创新效应有积极的促进作用。对于不同的收入水平的国家来说，“一带一路”倡议实施对中国对外直接投资所产生的创新效应的促进作用有所不同。对于高收入国家和低收入国家而言，“一带一路”倡议的实施能正向促进中国对外直接投资的创新效应产生，但这种正向促进作用不显著。对于中等收入国家而言，“一带一路”倡议的实施，正向影响中国对外直接投资创新效应的产生，且这种积极影响是显著的。

本章同时采用模型Ⅳ对“一带一路”倡议的实施对于中国 OFDI 在提升东道国创新效应方面的促进作用，进行相应的实证检验。从表 5-4 可以看出，实证回归的结果与表 5-3 的结果一致。对于全样本而言，“一带一路”倡议的实施，对于中国对外直接投资创新效应的促进作用，是正向的、显著的。对于三类不同收入水平的国家而言，“一带一路”倡议的实施对于中国对外直接投资创新效应的促进作用存在着国别差异。“一带一路”倡议的实施，对高收入国家和低收入国家而言，能正向促进中国对这两类国家对外直接投资创新效应的产生，但这种正向促进作用不显著。对于中等收入国家而言，这种促进作用是正向显著的。具体见表 5-4。

表 5-4 回归结果 2

变量	(1) 全样本	(2) 高收入国家	(3) 中等收入国家	(4) 低收入国家
OFDIstock	1.049*	2.985*	1.382	-3.302*
	(2.01)	(2.49)	(1.88)	(-2.08)
List	22.38*	-15.58	30.79**	19.67
	(2.50)	(-0.99)	(2.58)	(0.07)
List × OFDI	-1.125*	1.015	-1.510*	-1.704
	(-2.35)	(1.16)	(-2.41)	(-0.12)
List × BRI × OFDI	0.208*	0.144	0.250*	0.0540
	(2.07)	(0.82)	(2.15)	(0.05)
OFDI stock × GDP per	-0.116*	-0.389***	-0.189**	0.539*
	(-2.39)	(-3.52)	(-2.92)	(2.37)
OFDI stock × Trade of GDP	0.0000332	-0.000227	-0.000747	-0.000762
	(0.04)	(-0.20)	(-0.59)	(-0.17)
OFDI stock × PV	0.0651	0.310**	0.0469	-0.186
	(1.39)	(2.90)	(0.84)	(-1.47)
OFDI stock × eduzhichu	0.0416*	0.128**	-0.00333	0.202***
	(2.07)	(2.89)	(-0.13)	(4.09)
OFDI stock × Internet IDX	0.00103	0.00465	-0.000814	-0.0424**
	(0.42)	(0.90)	(-0.29)	(-3.17)
_cons	5.379	7.146	15.09	-0.735
	(0.86)	(0.63)	(1.67)	(-0.05)
N	596	197	300	99

注：t statistics in parentheses, * $p<0.1$, ** $p<0.05$, *** $p<0.01$。

（2）稳健性检验

为了保证回归结果的稳健性，本章将因变量替换为高科技产品的出口额，实证结果与上述结果大部分一致。同时，本章也将核心自变量用中国对外直接投资的存量替换对外直接投资的流量，纳入实证模型中，实证的结果也大部分与前文一致，在一定程度上保持了实证分析结论的稳健性，具体见表5-5。

表5-5稳健性检验是采用模型Ⅲ，用高科技产品出口额作为各东道国创新水平的代理变量，实证结果如表5-5所示，其中对于中等收入国家而言，"一带一路"倡议的实施，能正向促进中国对其对外直接投资创新效应的产生。

表 5-5　稳健性检验 1

变量	(1) 全样本	(2) 高收入国家	(3) 中等收入国家	(4) 低收入国家
OFDI stock	−0.0957	−0.149	−0.0504	0.248
	(−0.95)	(−0.94)	(−0.34)	(1.26)
List	5.861*	−5.570	13.48***	9.186
	(2.10)	(−1.28)	(3.39)	(0.13)
List × OFDI	−0.322*	0.298	−0.719***	−0.770
	(−2.16)	(1.23)	(−3.45)	(−0.21)
List × BRI × OFDI	0.0470	−0.00565	0.104*	−0.0436
	(1.29)	(−0.11)	(2.17)	(−0.15)
GDP per	0.390	−0.0625	−0.640	2.633*
	(1.20)	(−0.10)	(−1.27)	(2.55)
Trade of GDP	−0.0304***	−0.0186**	−0.0425***	−0.0807***
	(−5.97)	(−2.97)	(−4.72)	(−3.97)
PV	−0.517	−0.725	−0.0914	−0.899
	(−1.80)	(−1.29)	(−0.23)	(−1.55)
eduzhichu	0.0556	0.608*	−0.393*	1.232***
	(0.48)	(2.51)	(−2.41)	(5.56)

续表

变量	(1) 全样本	(2) 高收入国家	(3) 中等收入国家	(4) 低收入国家
Internet IDX	−0.0351*	−0.0305	−0.0493*	−0.132*
	(−2.09)	(−1.11)	(−2.07)	(−2.14)
_cons	21.05***	23.39***	31.76***	−1.772
	(7.82)	(4.32)	(7.50)	(−0.25)
N	605	200	306	99

注：*t* statistics in parentheses, * $p<0.1$, ** $p<0.05$, *** $p<0.01$。

表 5-6 稳健性检验是采用模型Ⅳ，用高科技产品出口额作为各东道国创新水平的代理变量，实证结果如表 5-6 所示。其中对于中等收入国家的实证结果为正，且通过显著性检验。

表 5-6 稳健性检验 2

变量	(1) 全样本	(2) 高收入国家	(3) 中等收入国家	(4) 低收入国家
OFDI stock	−0.0856	−0.0566	0.577*	−0.711
	(−0.48)	(−0.16)	(2.12)	(−1.83)
List	5.163	−5.846	12.91***	8.820
	(1.88)	(−1.32)	(3.33)	(0.13)
List × OFDI	−0.289	0.316	−0.696***	−0.746
	(−1.95)	(1.28)	(−3.41)	(−0.21)
List × BRI × OFDI	0.0450	−0.0101	0.107*	−0.0543
	(1.23)	(−0.20)	(2.23)	(−0.19)
OFDI stock × GDP per	0.0188	−0.00241	−0.0381	0.145**
	(1.09)	(−0.08)	(−1.46)	(2.61)
OFDI stock × Trade of GDP	−0.00147***	−0.000913**	−0.00210***	−0.00449***
	(−5.70)	(−2.90)	(−4.62)	(−4.15)

续表

变量	(1) 全样本	(2) 高收入国家	(3) 中等收入国家	(4) 低收入国家
OFDI stock × PV	-0.0223	-0.0325	-0.000429	-0.0462
	(-1.48)	(-1.05)	(-0.02)	(-1.49)
OFDI stock × eduzhichu	0.00333	0.0347**	-0.0211*	0.0682***
	(0.52)	(2.71)	(-2.35)	(5.63)
OFDI stock × Internet IDX	-0.00191*	-0.00192	-0.00245*	-0.00741*
	(-2.17)	(-1.28)	(-2.01)	(-2.25)
_cons	21.02***	21.47***	20.39***	15.68***
	(10.98)	(6.74)	(7.41)	(4.40)
N	605	200	306	99

注：*t* statistics in parentheses, * $p<0.1$, ** $p<0.05$, *** $p<0.01$。

表5-7稳健性检验是采用模型Ⅳ，继续采用东道国高科技产品出口额占本国制成品出口额的比重作为各东道国创新水平的代理变量，但用中国对外直接投资的流量数据作为中国对各东道国投资的水平，纳入实证模型进行实证分析。实证结果如表5-7所示，其中对于中等收入国家而言，"一带一路"倡议的实施，能正向促进中国对其直接投资创新效应的产生。

表5-7 稳健性检验3

变量	(1) 全样本	(2) 高收入国家	(3) 中等收入国家	(4) 低收入国家
OFDI flow	1.656**	4.677***	2.282**	-3.426
	(2.93)	(3.97)	(2.84)	(-1.64)
List	20.27*	-19.91	36.17**	-2.419
	(2.26)	(-1.41)	(2.95)	(-0.03)
List × OFDI	-1.060*	1.526	-1.909**	-0.574
	(-2.05)	(1.78)	(-2.74)	(-0.10)

续表

变量	(1) 全样本	(2) 高收入国家	(3) 中等收入国家	(4) 低收入国家
List × BRI × OFDI	0.0941	-0.355	0.275*	0.0630
	(0.80)	(-1.72)	(1.98)	(0.07)
OFDI flow × GDP per	-0.169*	-0.542***	-0.245**	0.471
	(-2.97)	(-4.65)	(-3.16)	(1.66)
OFDI flow × Trade of GDP	-0.000537	-0.000827	-0.00133	0.000467
	(-0.58)	(-0.74)	(-0.88)	(0.09)
OFDI flow × PV	0.119*	0.363***	0.111	-0.203
	(2.18)	(3.29)	(1.60)	(-1.20)
OFDI flow × eduzhichu	0.0363	0.136**	-0.00260	0.181**
	(1.52)	(2.79)	(-0.08)	(2.89)
OFDI flow × Internet IDX	0.00273	0.00832	0.000175	-0.0395*
	(0.94)	(1.48)	(0.05)	(-2.38)
_cons	3.339	0.0493	7.449	8.876
	(0.57)	(0.01)	(0.85)	(0.55)
N	485	160	247	78

注：*t* statistics in parentheses, * $p<0.1$, ** $p<0.05$, *** $p<0.01$。

5.4 拓展研究

融资约束作为影响创新效应发挥的一个重要因素，已经得到了实证的检验与验证，本章在上述研究的基础上，进一步探讨各东道国的因素，如东道国的融资约束是否影响“一带一路”倡议对中国 OFDI 创新效应的促进作用。世界银行按各国贷款类别，将全球 217 个国家划分为四个大类，即 IDA 贷款国、IBRD 贷款国、混合型贷款国和未分类国家。其中，IDA 贷款国，是指享有国际开发协会贷款权限的国家；IBRD 贷款国，是指享有国际复兴开发银行贷款权限的国家。本研究根据该划分标准，进一步探讨各东道国所属的贷款国类别，是否影响"一带一路"倡议对中国 OFDI 创新效应的促进作用。在实证过程中，仍然是借助前文中的模型Ⅲ和模型Ⅳ进行分析检验，具体实证结果如表 5-8 和表 5-9 所示。

表 5-8 拓展研究 1

变量	（1）IDA 贷款国	（2）IBRD 贷款国	（3）混合型贷款国	（4）未分类国家
OFDI stock	1.363*	-1.106	2.655**	0.891
	(1.99)	(-1.78)	(3.03)	(1.66)
List	15.21	25.03	-31.00	3.388
	(0.46)	(1.59)	(-0.87)	(0.23)
List × OFDI	-0.516	-1.539	1.714	0.222
	(-0.30)	(-1.82)	(0.96)	(0.26)
List × BRI × OFDI	0.302	0.512*	-0.309*	-0.197
	(1.20)	(3.19)	(-2.24)	(-0.96)
GDP per	4.099	-2.264	9.896***	-6.972**
	(1.65)	(-1.05)	(3.82)	(-2.88)
Trade of GDP	0.0138	-0.0181	-0.179***	-0.0357
	(0.27)	(-0.53)	(-4.15)	(-1.49)
PV	-3.727*	3.856*	4.757	5.292**
	(-2.21)	(2.28)	(1.52)	(2.66)
eduzhichu	2.647***	-1.592*	-1.113	2.451**
	(4.18)	(-2.36)	(-1.34)	(2.82)
Internet IDX	-0.222	-0.00312	-0.0944	0.0715
	(-1.60)	(-0.04)	(-1.23)	(0.61)
_cons	-52.15*	59.46*	-99.86***	44.88
	(-2.61)	(2.57)	(-4.26)	(1.94)
N	169	187	43	158

注：*t* statistics in parentheses, * $p<0.1$, ** $p<0.05$, *** $p<0.01$。

从表 5-8 可以看出，对于享有不同贷款权限的东道国，在吸收来自中国的对外直接投资时，对本国所产生的创新影响是存在差异的。在实证结果中，本研究仍然关注交乘项 $List_i \times BRI_t \times OFDI_{i,t}$ 的系数是否为正，是否通过显著性检验。表 5-8 中，对于 IDA 贷款国和 IBRD 贷款国而言，交乘项 $List_i \times BRI_t \times OFDI_{i,t}$ 的系数均为正，但只有 IBRD 贷款国的样本通过了显著性检验。这说明，"一带一路"倡议的实施，对于 IDA 贷款国和 IBRD 贷款国来说，中国在这两类国家的直接投资都能促进其创新能力和水平的提升，但这种促进作用对于 IBRD 贷款国是显著的、积极的。

表 5-9 拓展研究 2

变量	（1）IDA 贷款国	（2）IBRD 贷款国	（3）混合型贷款国	（4）未分类国家
OFDI stock	−0.770	0.501	−0.662	4.431**
	(−0.68)	(0.44)	(−0.45)	(2.92)
List	16.68	25.15	−61.30	4.841
	(0.51)	(1.61)	(−1.44)	(0.32)
List × OFDI	−0.580	−1.549	3.235	0.0730
	(−0.34)	(−1.84)	(1.49)	(0.09)
List × BRI × OFDI	0.290	0.497**	−0.356*	−0.180
	(1.14)	(3.11)	(−2.34)	(−0.88)
OFDI stock × GDP per	0.239	−0.124	0.493***	−0.427**
	(1.79)	(−1.10)	(3.30)	(−3.28)
OFDI stock × Trade of GDP	0.000280	−0.000985	−0.00877***	−0.00119
	(0.11)	(−0.56)	(−3.75)	(−1.00)
OFDI stock × PV	−0.181*	0.200*	0.247	0.325**
	(−2.04)	(2.24)	(1.44)	(2.94)
OFDI stock × eduzhichu	0.148***	−0.0905*	−0.0420	0.127**
	(4.32)	(−2.38)	(−0.98)	(2.80)
OFDI stock × Internet IDX	−0.0127	0.000370	−0.00459	0.00238
	(−1.73)	(0.10)	(−1.01)	(0.36)
_cons	−14.34	29.90*	−34.54*	−9.219
	(−1.12)	(2.48)	(−2.20)	(−0.86)
N	169	187	43	158

注：*t* statistics in parentheses, * $p<0.1$, ** $p<0.05$, *** $p<0.01$。

从表 5-9 中的实证结果来看，与表 5-8 中的结果基本一致。IDA 贷款国和 IBRD 贷款国的交乘项 $List_i \times BRI_t \times OFDI_{i,t}$ 的系数均为正，但只有 IBRD 贷款国的样本通过了显著性检验。对于另外两类国家而言，交乘项 $List_i \times BRI_t \times OFDI_{i,t}$ 的系数均为负。进一步说明，对于 IBRD 贷款国而言，"一带一路"倡议的实施能显著促进中国对其直接投资创新效应的提升。

5.5 小　结

本章从东道国视角分析了"一带一路"背景下中国对外直接投资的创新效应。重点探讨"一带一路"倡议的实施对于中国在各国直接投资所产生的创新效应的促进作用，并将东道国的收入水平和融资约束水平进行分类，分别进行实证检验，基本结论如下：

"一带一路"倡议的实施，能正向促进中国对外直接投资对各东道国创新效应的提升。对于高收入国家和低收入国家而言，这种促进作用在"一带一路"倡议实施前后的变化不大。对于中等收入国家而言，"一带一路"倡议对于中国对外直接投资的创新效应的促进作用是正向、显著的。同时，对于 IDA 贷款国和 IBRD 贷款国而言，"一带一路"倡议促进了中国对其直接投资创新效应的提升，但这种提升效应只在 IBRD 贷款国是显著的。

整体而言，中国的对外直接投资促进了各东道国的创新能力和水平的提升。相比全样本，中国在中等收入国家直接投资的创新效应更明显。而中国在高收入国家和低收入国家直接投资能产生正向的创新效应，但是这种正向影响不显著。一方面，这可能是因为中国在高收入国家的对外直接投资以战略资产获取为主要投资动机，主要是通过获取逆向技术溢出，从而更多地促进母国的创新效应，所以对于高收入国家的创新效应的提升不显著；另一方面，中国相对于中等收入国家，尤其是相对于"一带一路"沿线的中等收入国家而言，属于高收入国家梯队，中国对其的直接投资，能更多地促进这些国家的创新能力和水平的提升，这些国家在吸引来自中国的对外直接投资的过程中，能获取更多的技术溢出。同时，"一带一路"沿线超一半的国家为中等收入国家，中国对其对外直接投资能带来这些国家创新能力和水平的提升，说明了“一带一路”倡议所发挥的作用。

相较于非“一带一路”沿线国家，中国在“一带一路”沿线国家的直接投资所产生的创新效应更为显著。这也进一步说明了“一带一路”倡议的提出和实施所发挥的重要作用。

第六章　结论、启示与展望

6.1 结论

从中国对外直接投资发展的历程来看，自加入世界贸易组织以来，中国对外直接投资开始进入迅猛发展的时期。2015 年、2016 年，中国连续两年的对外直接投资总额超过吸收的外商直接投资，成为直接投资项下的资本净输出国，是全球第二大对外投资国。虽然 2017 年中国对外直接投资流量的排名有所下降，位列全球第三，但到 2018 年，中国又成为全球对外直接投资的第二大经济体。随着“一带一路”倡议的推进和实施，在对外直接投资方面，中国取得较大成就的同时，也面临一些问题和挑战，比如在高质量地推进“一带一路”倡议实施的过程中，如何解决“一带一路”倡议实施初期单纯追求投资项目数量而忽视投资质量的问题，以及如何回应西方社会对于“一带一路”投资项目的质疑和不切实际的言论等。本书基于“一带一路”背景，以中国对外直接投资为研究对象，从不同的层面实证分析检验了“一带一路”倡议实施对中国 OFDI 创新效应的促进作用，得出的主要结论有以下几点。

“一带一路”倡议的实施和落实，在促进中国企业“走出去”的过程中，对企业创新能力和水平的提升具有重要的促进作用。

在“一带一路”背景下，对于参与对外直接投资的企业，不仅可以通过产业转移效应、逆向技术溢出效应、需求效应和竞争效应等获得创新资源和要素的积累，从而提升企业的创新能力和水平。而且，随着“一带一路”倡议的逐步推进，越来越多的中国企业加入到国际化的进程当中，迎来“走出去”的巨大机遇的情况下，由于母国的国家特定优势，如在产业组织、政策激励等方面的积极影响，企业的国际竞争优势不断凸显。在“一带一路”背景下，中国企业参与对外直接投资会因此获得特定优势整合效应，从而有更多的创新资源和创新要素的累积，在这个过程中提升企业的创新能力和水平。

本书基于国家特定优势理论，借鉴双重差分法的思想，从微观企业层面探讨了“一带一路”背景下，中国对外直接投资对于企业的创新效应。对于中国在“一带一路”沿线国家的OFDI和“一带一路”倡议提出后的OFDI更能凸显对外直接投资的创新效应。其中，对于参与对外直接投资的国企，这种影响效应会更显著。“一带一路”倡议在实施的过程中，国家的政策支持和优惠能显著提升企业创新水平，而这种提升作用对于国企而言更为显著。一方面，本书的研究结论验证了宋泽楠（2014）关于发挥母国的国家特定优势能使参与对外直接投资的企业获得更多的创新资源和竞争优势的观点，并提供了实证结果。同时，也从实证角度验证了裴长洪和郑文（2011）关于母国国家特定优势是一国企业开展对外直接投资和参与国际竞争的基石和优势之源的观点。另一方面，本书的研究结论拓展了吕越等（2019）、方慧和赵胜立（2019）和王桂军和卢潇潇（2019）等的研究结论。已有的文献通过实证研究得出母国的国家特定优势有利于本国对外直接投资数量的增加，本书通过实证研究进一步得出母国的国家特定优势是有利于本国对外直接投资质量的提升的，这与本书的研究背景相呼应，即当前“一带一路”背景下的中国对外直接投资将告别粗放式的增长方式，开始向兼顾质量的方面转变。

“一带一路”倡议的开展，对于对外直接投资区域层面的创新效应有显著的促进作用。

对于参与对外直接投资的各个区域，可以通过产业转移效应和产业升级效应等获取创新资源和创新要素的累积，从而提升区域层面的创新能力和水平。在“一带一路”背景下，在高质量推进共建“一带一路”的过程中，各区域在国家顶层设计的政策指引下，通过出台相应的产业政策，引导有条件和优势的产业向高新技术产业和高端制造业方向发展，加速在区域范围内形成新的产业集聚和产业集群，进而提升整个区域范围内的创新能力和水平。

本书同样借鉴双重差分法的思想，将区域创新纳入分析模型，利用省级面板数据，探讨了代表母国国家特定优势的“一带一路”倡议在提升区域创新水平方面的促进作用。结果显示，“一带一路”倡议的实施，整体上显著促进了区域对外直接投资创新效应的产生。虽然单独对东、中、西部各个地区的促进作用不显著，但随着“一带一路”倡议的逐步落实，在“双循环”新发展格局的影响下，跨区域协同作用的发挥，区域对外直接投资创新效应会逐步得到凸显。本书的研究结论证实了母国国家特定优势与企业特定优势融合能更好地促进母国国家特定优势发挥的观点，拓展了 Narula 等（2015）关于区域一级的自由贸易和投资将创造特定区域优势的研究。这种区域优势将系统地帮助拥有更强大企业特定优势的跨国公司提高其创新能力和竞争地位。

“一带一路”倡议的持续推进，在促进中国加大对各沿线国家投资力度和投资规模的过程中，会对各东道国创新能力和水平的提升发挥重要的促进作用。

“一带一路”背景下的中国对外直接投资，除了通过促进国内新兴产业的发展、优化和调整产业结构、技术溢出等带来创新资源和创新要素的累积之外，对于发达的东道国而言，会由于有了投资资金和金融资本以及技术知识的有机组合，带来新一轮的创新资源和要素的累积，在这个过程中提高创新能力和水平；对于发展中的东道国而言，可以获得更多的资源、资金和政策便利，因而会产生资源联系和联动效应，带来创新资源和创新要素的累积，从而提升创新能力和创新水平。

一国尤其是发展中国家，在吸引来自投资国的直接投资时，能否充分利用外商直接投资的技术溢出带来本国技术创新水平的提升，是各东道国吸引外资非常重要的目的之一。本书实证结果显示，中国在“一带一路”沿线国家的直接投资，尤其是在中等收入国家的直接投资，能更好地促进其创新能力和水平的提升。而“一带一路”沿线国家大多数为中等收入国家。“一带一路”倡议彰显的开放、合作、共赢的精神，使得“一带一路”背景下中国对外直接投资不仅对中国有正向的、积极的影响效应，对东道国，更能带来有利于其发展的影响效应。在“一带一路”背景下的对外直接投资，由于母国的国家特定优势，使得以中等收入为主的“一带一路”沿线国家在吸收来自中国的对外直接投资的过程中，可以获得创新能力和创新水平的提升。这拓展了Herzer等（2008）关于对外直接投资对东道国产生相关影响的研究结论。

总的来看，本书的研究结论中，“一带一路”倡议在促进中国对外直接投资对母国创新能力和水平提升方面的结论，验证了姚战琪（2017）关于中国在“一带一路”沿线国家的OFDI也能获得技术水平提升的研究，拓展了周怀峰和曾晓花（2010）、Chen等（2012）、汪洋等（2014）、李平和苏文喆（2014）、Yi等（2018）、Hong等（2019）关于中国企业只对发达国家的投资能带来创新效应的研究。关于中国对外直接投资对东道国创新能力和水平提升的积极影响作用的结论，拓展了既有研究中向“一带一路”沿线国家直接投资可以促进沿线国家全球价值链提升的结论，也回应了西方社会对于“一带一路”背景下相关投资项目的质疑和国际社会的一些不切实际的声音。

6.2 政策建议

“一带一路”倡议实施以来，“一带一路”合作的成果、内容进一步丰富。比如围绕“共同构建人类卫生健康共同体”“数字丝绸之路”“健康丝绸之路”等展开的活动，均为中国与其他各国持续推进更大范围、更高水平、更深层次的“一带一路”合作打下了更加坚实的基础。在“一带一路”背景下，中国对外直接投资更多、更有效的新合作模式也应运而生，未来产生的投资效应不仅会在促进中国对外直接投资可持续发展方面发挥积极的作用，还能在促进区域国际经济合作方面发挥相应的示范作用。与此同时，在“一带一路”背景下的中国对外直接投资还存在的一些问题，比如，东、中、西部区域不均衡的问题，行业分布不均导致的投资结构不合理的问题，又会在很大程度上影响到中国对外直接投资的成效和对外直接投资的可持续健康发展。所以，本书从国际和国内两方面的视角，提出针对性的政策建议，以期更好地抓住“一带一路”倡议实施的战略机遇期，发挥中国对外直接投资的积极效应。

第一，充分发挥各区域参与“一带一路”投资项目的积极性。从本书的研究结论来看，“一带一路”倡议的开展对各省级区域通过对外直接投资带来创新能力和水平提升方面的促进作用明显，但对于单独的东部地区或者中、西部地区，这种促进作用不显著。这在一定程度上说明，各区域参与"一带一路"投资项目有赖于在更广的范围内形成区域产业集群，更好地发挥区域协同效应，进而更好发挥区域创新效应。

第二，继续为企业"走出去"提供便利条件。本书的研究结论表明，"一带一路"倡议对企业对外直接投资创新效应的提升有显著的促进作用。在当前"双循环"新发展格局的要求下，可以进一步增强对企业"走出去"的支持力度，充分发挥国家特定优势，提高外循环的质量。

第三，加强对民营企业的关注。本书的研究结果显示，"一带一路"倡议对于国企开展对外直接投资提升自身创新能力和水平方面的促进作用更为明显，而对于民企的促进作用不明显。随着"一带一路"倡议的实施，需要进一步加强对民营企业的政策引导，让民营企业有更多参与"一带一路"投资项目的机会，进一步激发民营企业的创新活力。

第四，继续发挥国家特定优势的积极作用。国家在对外直接投资的过程中发挥的作用越来越明显。中国企业在开展对外直接投资的过程中，主要通过政府的政策优惠和鼓励措施、组织优势等方面来发挥国家特定优势的作用。比如政府补贴，实证结果显示政府补贴在促进企业创新水平提升方面有重要的作用。这主要是由于政府补贴可以降低企业的创新成本，增加企业的创新投入，从而提升企业的创新水平。企业在参与"一带一路"项目投资时会面临众多的不确定性，创新方面的障碍也会明显增多，而政府补贴可以为企业的创新提供相应的保障。此外，母国国家特定优势的发挥可以更好地融合企业特定优势和东道国优势，进而发挥特定优势的整合效应，促进创新要素和创新资源的整合，提升创新能力和创新水平。

第五，继续加大对"一带一路"沿线国家的投资力度，尤其是中等收入国家和 IBRD 贷款国的对外直接投资，努力创新对外投资合作方式。在"一带一路"背景下，中国对外直接投资要从最初简单地追逐市场、获取资源为主的投资模式，逐步向知识型资产等领域的投资转移，在开拓基础设施、装备制造和服务业等领域业务的基础上，充分利用外部的资源和市场，与国内资源与市场形成有机的互补，从而促进本国创新水平的提升、投资结构的升级和全球价值链地位的提高。

第六，发挥对外直接投资创新效应的积极作用。要努力营造创新的氛围，使得企业在开展海外直接投资时，避免只追求短期利益的投资行为和只关注直接经济收益的倾向。要引导企业聚焦能带来长期资本收益和通过研发能增值的知识型资产，在促进企业参与"一带一路"投资合作项目的过程中，带动中国先进的装备、技术、标准、服务"走出去"，提升企业对外直接投资的创新辐射效应。因此，在"一带一路"倡议后续推进的过程中，可着重加强对海外直接投资的引导，在提高企业创新能力和创新水平方面多下功夫。

6.3 研究展望

本书在已有的研究基础上，基于"一带一路"倡议实施的背景，对中国OFDI的创新效应进行了实证研究和分析探讨。总体上看，本研究属于对该论题的尝试性研究，还存在不足之处和有待进一步完善的方面。

第一，在理论上，本书主要基于国家特定优势理论，拓展了现有的对外直接投资理论。未来，可以针对这一研究主题，比对其他国家的特定优势在对外直接投资创新效应方面的促进作用，进一步探讨中国的对外直接投资的影响效应的普遍特征和独特表现。

第二，在实证上，本书主要基于母国和东道国两个方面研究了中国对外直接投资的创新效应，从企业层面、区域层面和东道国国家层面分别进行了实证研究。但如何更好地将这三个层面的实证研究纳入统一的分析框架内进行实证检验，是今后研究中可以继续探讨的。此外，由于"一带一路"背景下的中国对外直接投资有其复杂性，实证过程中可能存在其他因素影响实证的结论。而对于对外直接投资的创新效应的考查，是一个新的尝试，实证过程中所采用的代理变量可能因数据和信息的可得性而影响到实证结果。加之"一带一路"倡议提出不到10年，要考查一国或一区域的创新效应，可能要放到更宽广的时间跨度中去考查才能得出更客观的结论。

第三，在政策建议上，本书主要从宏观层面提出较多的政策建议，未来还需要结合不同的投资策略、投资动机和产业结构，提出更加具体的、有针对性的政策建议。探讨"一带一路"倡议的政策影响效应，借助国家特定优势理论的内容，对企业层面、区域层面和国家层面的数据进行了实证分析，缺少行业层面和细分不同投资动机的数据，因而政策建议还不够具体。未来可以借助行业层面的数据，对不同投资动机进行区分和实证研究，获取更加有针对性的解决方案。

参考文献

[1] 白光裕，庄芮．全球价值链与国际投资关系研究：中国的视角[J]. 国际贸易，2015(6):16-20.

[2] 白洁．对外直接投资的逆向技术溢出效应：对中国全要素生产率影响的经验检验[J]. 世界经济研究，2009(8):65-69.

[3] 边婧，张曙霄．中国对外直接投资的贸易效应：基于"一带一路"倡议的研究[J]. 北京工商大学学报(社会科学版)，2019,34(5):34-44.

[4] 曹永峰．西方对外直接投资理论综述[J]. 当代经济管理，2010(3):77-81.

[5] 柴庆春，胡添雨．中国对外直接投资的贸易效应研究：基于对东盟和欧盟投资的差异性的考察[J]. 世界经济研究，2012(6):64-69+89.

[6] 柴忠东．新兴市场跨国企业竞争优势：企业特定还是母国因素？[J]. 亚太经济，2013(6):92-97.

[7] 柴忠东，刘厚俊．解析新兴市场大国跨国企业竞争优势的母国因素[J]. 南京社会科学，2014(8):24-31.

[8] 陈柏福，刘舜佳．中国对外直接投资的非物化型技术空间逆向溢出效应研究[J]. 中国软科学，2019(6):85-98.

[9] 陈本昌．中国企业海外并购的动因：基于投资诱发要素组合理论的一种解释[J]. 东北财经大学学报，2009(2):19-21.

[10] 陈菲琼，丁宁．全球网络下区域技术锁定突破模式研究：OFDI逆向溢出视角[J]. 科学学研究,2009,27(11):1641-1650.

[11] 陈菲琼，钟芳芳，陈珧．中国对外直接投资与技术创新研究[J]. 浙江大学学报(人文社会科学版),2013,43(4):170-181.

[12] 陈丽丽，林花．我国对外直接投资区位选择：制度因素重要吗：基于投资动机视角[J]. 经济经纬,2011(1):20-25.

[13] 陈强．高级计量经济学及Stata应用[M]. 2版．北京：高等教育出版社,2014：339.

[14] 陈元清．中国对东盟十国直接投资的产业升级效应分析[J]. 山西大学学报(哲学社会科学版),2019,42(6):115-123.

[15] 程衍生．影响中国对外直接投资区位选择因素研究[J]. 华东经济管理,2019,33(5):91-97.

[16] 崔健，刘伟岩．“一带一路”框架下中日与第三方市场贸易关系的比较分析[J]. 现代日本经济,2018(5):27-42.

[17] 崔日明，徐春祥．跨国公司经营与管理[M]. 北京：机械工业出版社,2014.

[18] 崔新健，李健．双向国际直接投资与中国比较优势获取[J]. 南大商学评论,2018(1):44-67.

[19] 代明，殷仪金，戴谢尔．创新理论：1912—2012：纪念熊彼特《经济发展理论》首版100周年[J]. 经济学动态,2012(4):143-150.

[20] 丁鸿君，李妍．中国OFDI对“一带一路”沿线国家经济增长影响：基于文化距离的视角[J]. 文化产业研究,2017(2):185-200.

[21] 董秀良，张婷，关云鹏．沪港通制度改善了我国股票市场定价效率吗?[J]. 上海财经大学学报,2018(4):79-93.

[22] 董有德，孟醒．OFDI、逆向技术溢出与国内企业创新能力：基于我国分价值链数据的检验[J]. 国际贸易问题,2014(9):120-129.

[23] 杜江，宋跃刚．知识资本、OFDI逆向技术溢出与企业技术创新：基于全球价值链视角[J]. 科技管理研究,2015,35(21):25-30.

[24] 杜龙政，林润辉．对外直接投资、逆向技术溢出与省域创新能力：基于中国省际面板数据的门槛回归分析 [J]. 中国软科学 ,2018(1):149-162.

[25] 范硕，何彬．中国对“一带一路”沿线国家投资模式研究：基于动态空间面板模型的实证检验 [J]. 亚太经济 ,2017(6):28-39.

[26] 方慧，赵胜立．“一带一路”倡议引致了中国对外直接投资吗：基于国家特定优势理论 [J]. 山东财经大学学报 ,2019,31(4):19-30.

[27] 封肖云，贺培，林发勤．中国 OFDI 出口效应的影响路径研究：基于贸易成本和国家收入视角的分析 [J]. 中南财经政法大学学报 ,2017(2):147-156.

[28] 高菠阳，尉翔宇，黄志基，等．企业异质性与中国对外直接投资：基于中国微观企业数据的研究 [J]. 经济地理 ,2019(10):130-138.

[29] 高鹏飞，辛灵，孙文莉．新中国 70 年对外直接投资：发展历程、理论逻辑与政策体系 [J]. 财经理论与实践 ,2019,40(5):2-10.

[30] 葛顺奇，罗伟．中国制造业企业对外直接投资和母公司竞争优势 [J]. 管理世界 ,2013(6):28-42.

[31] 公丕萍，宋周莺，刘卫东．中国与“一带一路”沿线国家贸易的商品格局 [J]. 地理科学进展 ,2015,34(5):571-580.

[32] 宫汝凯，李洪亚．中国 OFDI 与国内投资：相互替代抑或促进 [J]. 经济学动态，2016(12):75-87.

[33] 龚新蜀，李梦洁，张洪振 .OFDI 是否提升了中国的工业绿色创新效率：基于集聚经济效应的实证研究 [J]. 国际贸易问题 ,2017(11):127-137.

[34] 郭烨，许陈生．双边高层会晤与中国在“一带一路”沿线国家的直接投资 [J]. 国际贸易问题 ,2016(2):26-36.

[35] 韩晶，孙雅雯．借助“一带一路”倡议构建中国主导的“双环流全球价值链”战略研究 [J]. 理论学刊 ,2018(4):33-39.

[36] 韩先锋．中国对外直接投资逆向创新的价值链外溢效应 [J]. 科学学研究，2019(3): 556-567.

[37] 郝新东，杨俊凯．东道国科技创新、制度质量与中国 OFDI 门槛效

应分析：基于“一带一路”视角 [J]. 科技进步与对策 ,2020(6):77-83.

[38] 何彬，范硕 . 对外直接投资是否影响企业创新效率：基于上市公司微观数据的因果检验 [J]. 学习与探索 ,2019(12):148-155.

[39] 胡丁文 . 中国对东盟直接投资影响双边贸易的实证分析 [J]. 西安财经学院学报 ,2010,23(3):42-44.

[40] 胡琰欣，屈小娥，董明放 . 中国对外直接投资的绿色生产率增长效应：基于时空异质性视角的经验分析 [J]. 经济学家 ,2016(12):61-68.

[41] 胡琰欣，屈小娥，赵昱钧 . 对外直接投资的逆向创新溢出效应：基于中国省际面板数据的门槛回归分析 [J]. 现代财经（天津财经大学学报）,2018,38(5):55-67.

[42] 黄宁 . 中国对东盟国家直接投资的出口效应国别差异分析 [J]. 东南亚纵横 ,2015(6):20-25.

[43] 贾妮莎，申晨，雷宏振，等 . 中国企业对外直接投资的“就业效应”：理论机制与实证检验 [J]. 管理评论 ,2019,31(6):49-59.

[44] 贾妮莎，韩永辉，雷宏振 . 中国企业对外直接投资的创新效应研究 [J]. 科研管理 ,2020(5):122-130.

[45] 江小涓，杜玲 . 对外投资理论及其对中国的借鉴意义 [J]. 经济研究参考 ,2002(73):32-44.

[46] 江心英 . 国际直接投资区位选择综合动因假说 [J]. 国际贸易问题，2004(6): 66-69.

[47] 姜巍，陈万灵 . 东盟基础设施发展与 FDI 流入的区位选择：机理与实证 [J]. 经济问题探索 ,2016(1):132-139.

[48] 蒋冠宏，蒋殿春 . 中国对发展中国家的投资：东道国制度重要吗 ?[J]. 管理世界 ,2012(11):45-56.

[49] 蒋冠宏，蒋殿春 . 中国工业企业对外直接投资与企业生产率进步 [J]. 世界经济 ,2014(9):53-76.

[50] 揭水晶，吉生保，温晓慧 .OFDI 逆向技术溢出与我国技术进步：研究动态及展望 [J]. 国际贸易问题 ,2013(8):161-169.

[51] 靳巧花，严太华.OFDI影响区域创新能力的动态门槛效应[J].科研管理,2019,40(11):57-66.

[52] 景光正，李平.OFDI是否提升了中国的出口产品质量[J].国际贸易问题,2016(8):131-142.

[53] 阚大学.对外直接投资的反向技术溢出效应：基于吸收能力的实证研究[J].商业经济与管理,2010(6):53-58.

[54] 阚大学.对外直接投资、市场化进程与内资企业技术创新：基于省级大中型工业企业面板数据的实证研究[J].研究与发展管理,2014,26(5):14-22.

[55] 阚大学，吕连菊.对外直接投资对水足迹影响的实证分析[J].世界经济研究,2019(6):124-133+136.

[56] 柯银斌.全球商业共体：中国企业共建“一带一路”的战略与行动[M].北京：商务印书馆，2019.

[57] 孔群喜，王紫绮，蔡梦.对外直接投资提高了中国经济增长质量吗[J].财贸经济,2019(5):96-111.

[58] 孔群喜，王紫绮.对外直接投资如何影响中国经济增长质量：事实与机制[J].北京工商大学学报(社会科学版),2019,34(1):112-126.

[59] 李勃昕，韩先锋，李宁.知识产权保护是否影响了中国OFDI逆向创新溢出效应?[J].中国软科学,2019(3):46-60.

[60] 李敦瑞.“一带一路”背景下的产业转移与中国全球价值链地位提升[J].西安财经学院学报,2018(5):78-84.

[61] 李逢春.对外直接投资的母国产业升级效应：来自中国省际面板的实证研究[J].国际贸易问题,2012(6):124-134.

[62] 李国祥，张伟，王亚君.对外直接投资、环境规制与国内绿色技术创新[J].科技管理研究,2016,36(13):227-231+236.

[63] 李洪亚，宫汝凯.技术进步与中国OFDI：促进与溢出的双重考察[J].科学学研究,2016(1):57-68.

[64] 李京晓.中国企业对外直接投资的母国宏观经济效应研究[D].天

津：南开大学,2013.

[65] 李娟,唐珮菡,万璐,等.对外直接投资、逆向技术溢出与创新能力：基于省级面板数据的实证分析 [J]. 世界经济研究,2017(4):59–71+135.

[66] 李磊,邓颖.企业对外直接投资中的邻居效应：理论机制分析及实证检验 [J]. 产经评论,2020(2):126–143.

[67] 李梅,金照林.国际R&D、吸收能力与对外直接投资逆向技术溢出：基于我国省际面板数据的实证研究 [J]. 国际贸易问题,2011(10):124–136.

[68] 李梅,柳士昌.对外直接投资逆向技术溢出的地区差异和门槛效应：基于中国省际面板数据的门槛回归分析 [J]. 管理世界,2012(1):21–32+66.

[69] 李平,苏文喆.对外直接投资与我国技术创新：基于异质性投资东道国的视角 [J]. 国际商务(对外经济贸易大学学报),2014(2):71–82.

[70] 李思慧,于津平.对外直接投资与企业创新效率 [J]. 国际贸易问题,2016(12): 28–38.

[71] 李向阳."一带一路"建设中的义利观 [J]. 世界经济与政治,2017(7):4–15.

[72] 李新春,肖宵.制度逃离还是创新驱动：制度约束与民营企业的对外直接投资 [J]. 管理世界,2017(10):99–112+129+188.

[73] 李迎旭,田中景.日本对东盟直接投资的贸易效应研究 [J]. 日本研究,2013 (1)：12–16.

[74] 李悦,冯宗宪,霍源源.不同来源地 FDI 对中国创新效应的影响：新制度经济学视角的研究 [J]. 科技进步与对策,2014,31(19):40–45.

[75] 凌丹,朱方兰,胡惟璇.OFDI 对中国产业比较优势动态升级的影响：全球价值链分工视角 [J]. 科技进步与对策,2017(11):60–65.

[76] 刘海云,董志刚.全球价值链视角下 IFDI 是否促进了 OFDI：基于跨国面板数据的实证分析 [J]. 国际商务(对外经济贸易大学学报),2018(1):72–84.

[77] 刘海云,聂飞.中国 OFDI 动机及其对外产业转移效应：基于贸易

结构视角的实证研究 [J]. 国际贸易问题 ,2015(10):73-86.

[78] 刘宏，赵恒园，李峰．对外直接投资、吸收能力与地区创新产出：基于省际面板数据的多变量门限回归分析 [J]. 河北经贸大学学报 ,2019(4):38-49.

[79] 刘宏，刘玉伟，张佳．对外直接投资、创新与出口产品质量升级：基于中国微观企业的实证研究 [J]. 国际商务（对外经济贸易大学学报），2020(3):100-114.

[80] 刘乃全，戴晋．我国对“一带一路”沿线国家 OFDI 的环境效应 [J]. 经济管理，2017, 39(12):6-23.

[81] 刘胜，李文秀，陈秀英．生产性服务业与制造业协同集聚对企业创新的影响 [J]. 广东财经大学学报 ,2019(3):43-53.

[82] 刘晓宁．企业对外直接投资区位选择：东道国因素与企业异质性因素的共同考察 [J]. 经济经纬 ,2018,35(3):59-66.

[83] 刘雅珍，杨忠，冯帆．“一带一路”对中国—东盟双边贸易的影响 [J]. 南大商学评论,2018,15(3):57-73.

[84] 刘雅珍，杨忠．经济全球化与中国对“一带一路”沿线国家的直接投资 [J]. 现代经济探讨 ,2019(7):90-96.

[85] 刘震．“一带一路”背景下我国企业顺梯度 OFDI 的经济效应 [J]. 经济管理，2017(12):24-40.

[86] 刘志彪，张杰．全球代工体系下发展中国家俘获型网络的形成、突破与对策：基于 GVC 与 NVC 的比较视角 [J]. 中国工业经济 ,2007(5):39-47.

[87] 刘志彪，张杰．从融入全球价值链到构建国家价值链：中国产业升级的战略思考 [J]. 学术月刊 ,2009,41(9):59-68.

[88] 刘志彪．从全球价值链转向全球创新链：新常态下中国产业发展新动力 [J]. 学术月刊 ,2015(2):5-14.

[89] 卢汉林，冯倩倩．我国 OFDI 逆向技术溢出效应的研究：基于省际面板数据的门槛回归分析 [J]. 科技管理研究 ,2016,36(4):218-223.

[90] 陆寒寅 . 亚洲区域经济重构效应探析：基于“一带一路”的战略视角 [J]. 复旦学报 (社会科学版),2016(5):149–157.

[91] 罗军 . 民营企业融资约束、对外直接投资与技术创新 [J]. 中央财经大学学报 ,2017(1):96–103.

[92] 吕宏芬 , 刘斯敖 .R&D 投入、产业集聚与浙江区域创新效应分析 [J]. 浙江学刊 ,2011(5):196–201.

[93] 吕越，陆毅，吴嵩博，等 . “一带一路”倡议的对外投资促进效应：基于 2005—2016 年中国企业绿地投资的双重差分检验 [J]. 经济研究 ,2019,54(9):187–202.

[94] 毛其淋 , 许家云 . 中国企业对外直接投资是否促进了企业创新 [J]. 世界经济 , 2014, 37(8):98–125.

[95] 孟醒 , 董有德 . 中国企业 OFDI 的价值链分布及其影响因素 [J]. 国际经贸探索 , 2015, 31(4):40–51.

[96] 聂名华 , 齐昊 . 对外直接投资能否提升中国工业绿色创新效率 : 基于创新价值链与空间关联的视角 [J]. 世界经济研究 ,2019(2):111–122+137.

[97] 欧阳艳艳 . 中国对外直接投资逆向技术溢出的影响因素分析 [J]. 世界经济研究 , 2010(4): 66–71+89.

[98] 潘春阳 , 卢德 . 中国的对外直接投资是否改善了东道国的制度质量 : 基于“一带一路”沿线国家的实证研究 [J]. 上海对外经贸大学学报 ,2017,24(4):56–72.

[99] 裴长洪 , 樊瑛 . 中国企业对外直接投资的国家特定优势 [J]. 中国工业经济 , 2010(7): 45–54.

[100] 裴长洪 , 郑文 . 国家特定优势：国际投资理论的补充解释 [J]. 经济研究 , 2011, 46(11):21–35.

[101] 彭澎，李佳熠 .OFDI 与双边国家价值链地位的提升：基于“一带一路”沿线国家的实证研究 [J]. 产业经济研究 ,2018,97(6):79–92.

[102] 戚建梅 , 王明益 . 对外直接投资扩大母国企业间工资差距了吗：基于我国微观数据的经验证据 [J]. 国际贸易问题 ,2017(1):116–126.

[103] 秦磊 . 中国对外直接投资对 GMS 东道国影响分析：以越南、柬埔寨、老挝为例 [J]. 学术探索 ,2011(4):39-42.

[104] 秦升 ."一带一路":重构全球价值链的中国方案 [J]. 国际经济合作, 2017(9): 11-16.

[105] 冉启英 , 任思雨 , 吴海涛 .OFDI 逆向技术溢出、制度质量与区域创新能力：基于两步差分 GMM 门槛面板模型的实证分析 [J]. 科技进步与对策 ,2019(7):40-47.

[106] 任雪梅 , 陈汉林 . 中国对"一带一路"沿线国家投资的产业结构升级效应研究 [J]. 经济问题探索 ,2019(8):127-133.

[107] 沙文兵 . 对外直接投资、逆向技术溢出与国内创新能力：基于中国省际面板数据的实证研究 [J]. 世界经济研究 ,2012(3):69-74+89.

[108] 沙文兵 , 李莹 . 国内外区域创新能力研究评述 [J]. 山东工商学院学报 , 2018(5): 9-18+33.

[109] 盛斌 , 陈帅 . 全球价值链如何改变了贸易政策：对产业升级的影响和启示 [J]. 国际经济评论 ,2015(1):85-97+6.

[110] 宋林 , 张丹 , 谢伟 . 对外直接投资与企业绩效提升 [J]. 经济管理 , 2019, 41(9): 57-74.

[111] 宋维佳 , 许宏伟 . 对外直接投资区位选择影响因素研究 [J]. 财经问题研究 , 2012 (10): 44-50.

[112] 宋泽楠 . 国别异质性、全球化进程与主流 FDI 理论的演化性改进 [J]. 现代经济探讨 ,2014(4):23-27.

[113] 宋泽楠 , 尹忠明 . 国家特定优势向企业特定优势的演化：逻辑路径与现实障碍 [J]. 国际经贸探索 ,2013,29(6):25-35.

[114] 苏文喆 , 李平 . 对外直接投资对中国技术创新影响的地区非线性研究 [J]. 中国科技论坛 ,2014(10):35-40.

[115] 宿晓 , 王豪峻 . 高管海外背景 , 政治关联与企业对外直接投资决策：基于中国上市公司的实证分析 [J]. 南京财经大学学报 ,2016(6):63-73.

[116] 孙早 , 许薛璐 . 前沿技术差距与科学研究的创新效应：基础研究

与应用研究谁扮演了更重要的角色 [J]. 中国工业经济 ,2017(3):5–23.

[117] 宛群超, 袁凌, 王瑶. 对外直接投资、区域创新与产业结构升级[J]. 华东经济管理 ,2019,33(5):34–42.

[118] 汪文卿, 赵忠秀. 中非合作对撒哈拉以南非洲国家经济增长的影响：贸易、直接投资与援助作用的实证分析 [J]. 国际贸易问题 ,2014(12):68–79.

[119] 汪洋, 严军, 马春光. 中国企业对发达国家投资与自主创新能力的实证研究 [J]. 国际商务（对外经济贸易大学学报）,2014(5):74–81.

[120] 王班班, 齐绍洲. 市场型和命令型政策工具的节能减排技术创新效应：基于中国工业行业专利数据的实证 [J]. 中国工业经济 ,2016(6):91–108.

[121] 王保林, 蒋建勋. 新兴市场企业对外直接投资模式与企业创新绩效：内部研发是协同还是替代 [J]. 科学学与科学技术管理 ,2019(7):61–74.

[122] 王桂军, 卢潇潇."一带一路"倡议可以促进中国企业创新吗？[J]. 财经研究, 2019(1): 19–34.

[123] 王桂军, 卢潇潇."一带一路"倡议与中国企业升级 [J]. 中国工业经济, 2019(3): 49–67.

[124] 王桂军, 张辉."一带一路"与中国 OFDI 企业 TFP：对发达国家投资视角 [J]. 世界经济 ,2020(5):49–72.

[125] 王海军, 姜磊, 伍文辉. 国家风险与对外直接投资研究综述与展望 [J]. 首都经济贸易大学学报 ,2011,13(5):83–89.

[126] 王会龙, 池仁勇. 区域科技孵化网络的构建及其创新效应 [J]. 软科学, 2004(4): 22–24+41.

[127] 王培志, 潘辛毅, 张舒悦. 制度因素、双边投资协定与中国对外直接投资区位选择：基于"一带一路"沿线国家面板数据 [J]. 经济与管理评论 ,2018,34(1):5–17.

[128] 王胜, 田涛. 中国对外直接投资区位选择的影响因素研究：基于国别差异的视角 [J]. 世界经济研究 ,2013(12):60–66+86.

[129] 王恕立 . 对外直接投资动因、条件及效应研究 [D]. 武汉：武汉理工大学 ,2003.

[130] 王欣 , 姚洪兴 . 长三角 OFDI 对区域技术创新的非线性动态影响效应：基于吸收能力的 PSTR 模型检验 [J]. 世界经济研究 ,2016(11):86-100+136-137.

[131] 王义桅 . “一带一路”：中国崛起的天下担当 [M]. 北京：人民出版社 ,2018：108.

[132] 王长义 , 陈利霞 . 中国对东盟直接投资的贸易效应研究：基于面板数据的协整分析 [J]. 石河子大学学报（哲学社会科学版）,2014(1):58-62.

[133] 王英 , 刘思峰 . 对外直接投资的动因及效应研究综述 [J]. 审计与经济研究 ,2007(6): 93-98.

[134] 韦军亮 , 陈漓高 . 政治风险对中国对外直接投资的影响 : 基于动态面板模型的实证研究 [J]. 经济评论 ,2009(4):106-113.

[135] 魏守华 . 国家创新能力的影响因素：兼评近期中国创新能力演变的特征 [J]. 南京大学学报 (哲学、人文科学、社会科学版),2008(3):30-36.

[136] 吴航 , 陈劲 . 探索性与利用性国际化的创新效应 : 基于权变理论的匹配检验 [J]. 科研管理 ,2019,40(11):102-110.

[137] 吴建军 , 仇怡 . 我国对外直接投资的技术创新效应：基于研发投入和产出的分析视角 [J]. 当代经济科学 ,2013,35(1):75-80+127.

[138] 吴晓波 , 曾瑞设 . 中国对外直接投资对母国技术创新的影响 : 基于高技术行业面板数据的分析 [J]. 西安电子科技大学学报 (社会科学版),2013,23(5):43-52.

[139] 项本武 . 中国对外直接投资的决定因素与经济效应的实证研究 [D]. 武汉：华中科技大学 ,2005.

[140] 谢孟军 . 腐败、腐败距离与外资流入：基于中国 OFDI 的经验数据 [J]. 国际经贸探索 ,2016,32(5):87-98.

[141] 谢孟军 . 文化“走出去”的投资效应研究 : 全球 1326 所孔子学院的数据 [J]. 国际贸易问题 ,2017(1):39-49.

[142] 谢钰敏，周开拓，魏晓平．对外直接投资对中国创新能力的逆向溢出效应研究 [J]. 经济经纬，2014(3):48–53.

[143] 许和连，李丽华．文化差异对中国对外直接投资区位选择的影响分析 [J]. 统计与决策，2011(17):154–156.

[144] 许真，陈晓飞．基于扩展的 IDP 模型的对外直接投资决定因素分析：来自国家面板回归的证据 [J]. 经济问题，2016(2):44–49.

[145] 薛军，苏二豆．服务型对外直接投资与企业自主创新 [J]. 世界经济研究，2020 (4): 60–76+136.

[146] 闫云凤，赵忠秀．中国在全球价值链中的嵌入机理与演进路径研究：基于生产链长度的分析 [J]. 世界经济研究，2018(6):12–22+135.

[147] 杨宏恩，孟庆强，王晶，等．双边投资协定对中国对外直接投资的影响：基于投资协定异质性的视角 [J]. 管理世界，2016(4):24–36.

[148] 杨宏恩，孟庆强，王晶．中国对东盟直接投资的贸易效应研究 [J]. 制度经济学研究，2016(3):171–185.

[149] 杨连星，罗玉辉．中国对外直接投资与全球价值链升级 [J]. 数量经济技术经济研究，2017(6):54–70.

[150] 杨锐，刘志彪．新一轮高水平对外开放背景下中国企业技术能力升级框架与思路 [J]. 世界经济与政治论坛，2015(4):141–159.

[151] 杨挺，魏克旭，喻竹．中国对外直接投资新特征及新趋势：创新对外直接投资政策与实践的思考 [J]. 国际经济合作，2018(1):18–27.

[152] 杨先明，王希元．对外直接投资对企业动态能力的影响：路径、机制与中国事实 [J]. 产经评论，2019,10(4):46–57.

[153] 杨忠，张骁，陈扬，等．“天生全球化”企业持续成长驱动力研究：企业生命周期不同阶段差异性跨案例分析 [J]. 管理世界，2007(6):122–136.

[154] 姚惠泽，张梅．要素市场扭曲、对外直接投资与中国企业技术创新 [J]. 产业经济研究，2018(6):22–35.

[155] 姚战琪．中国对“一带一路”沿线各国 OFDI 逆向技术溢出效应分析 [J]. 河北经贸大学学报，2017,38(5):22–30.

[156] 姚战琪，夏杰长．中国对外直接投资对“一带一路”沿线国家攀升全球价值链的影响[J]. 南京大学学报（哲学·人文科学·社会科学）,2018(4):35-46.

[157] 叶娇，崔传江，和珊．企业OFDI与出口产品技术提升：基于微观企业数据研究[J]. 世界经济研究,2017(12):81-93+134.

[158] 尹东东，张建清．我国对外直接投资逆向技术溢出效应研究：基于吸收能力视角的实证分析[J]. 国际贸易问题,2016(1):109-120.

[159] 余虹．“一带一路”中国崛起与国际合作：这对中国和区域意味着什么？[M]. 北京：世界知识出版社,2017.

[160] 余鹏翼，曾楚宏．全球价值链重构与中国制造业海外连续并购战略转型研究[J]. 南京社会科学,2016(5):16-21.

[161] 张涵冰，周健．简评跨国公司直接投资的诱发要素组合理论[J]. 社会科学论坛, 2005(4):215-217.

[162] 张建刚，康宏，康艳梅．就业创造还是就业替代：OFDI对中国就业影响的区域差异研究[J]. 中国人口·资源与环境,2013,23(1):126-131.

[163] 张杰，芦哲，郑文平，等．融资约束、融资渠道与企业R & D投入[J]. 世界经济,2012(10):66-90.

[164] 张杰，郑文平．全球价值链下中国本土企业的创新效应[J]. 经济研究, 2017, 52(3):151-165.

[165] 张可．产业集聚与区域创新的双向影响机制及检验：基于行业异质性视角的考察[J]. 审计与经济研究,2019(4):94-105.

[166] 张为付，武齐．我国企业对外直接投资的理论分析与实证检验[J]. 国际贸易问题,2007(5):96-102.

[167] 张文彬，邓玲．中国对外直接投资对碳生产率的影响效应研究[J]. 华东经济管理,2019,33(11):78-85.

[168] 张先锋，张敬松，张燕．劳工成本、双重创新效应与出口技术复杂度[J]. 国际贸易问题,2014(3):34-43.

[169] 张亚斌.“一带一路”经贸合作促进全球价值链升级研究[D]. 西安:

西北大学，2017.

[170] 张幼文，黄建忠，田素华，等.40年中国开放型发展道路的理论内涵[J]. 世界经济研究，2018 (12):3-24.

[171] 张中元. 东道国外商直接投资限制对中国参与全球价值链构建的影响[J]. 国际经济合作，2017(10):31-39.

[172] 章建新，丁建石，白晨星. 基于社会网络的产业集群创新效应研究[J]. 科技管理研究，2007(8):132-134.

[173] 赵宸宇，李雪松. 对外直接投资与企业技术创新：基于中国上市公司微观数据的实证研究[J]. 国际贸易问题，2017(6):105-117.

[174] 赵恒园，刘宏. 协同创新视角下长三角地区 OFDI 对创新水平的空间效应研究[J]. 现代经济探讨，2020(3):85-94.

[175] 赵明昊. 大国竞争背景下美国对"一带一路"的制衡态势论析[J]. 世界经济与政治，2018(12):4-31.

[176] 赵婷婷，许梦博. 产业集聚影响区域创新的机制与效应：基于中国省级面板数据的实证检验[J]. 科学管理研究，2020(1):83-88.

[177] 赵先立. 中国对东盟直接投资的国内投资效应：基于 PVAR 和 GMM 模型分析[J]. 亚太经济，2018(5):105-115+130+153.

[178] 郑磊，刘亚娟. 中国对外直接投资的贸易效应研究：基于对北美自贸区、欧盟、东盟投资的比较分析[J]. 数学的实践与认识，2014(16):22-30.

[179] 郑展鹏. 国际技术溢出渠道对我国技术创新影响的比较研究：基于省际面板数据模型的分析[J]. 科研管理，2014,35(4):18-25.

[180] 郑展鹏，王洋东. 国际技术溢出、人力资本与出口技术复杂度[J]. 经济学家，2017(1): 97-104.

[181] 钟飞腾，朴珠华，刘潇萌，等. 对外投资新空间："一带一路"国别投资价值排行榜[M]. 北京：社会科学文献出版社，2015：53.

[182] 周超，刘夏，任洁. 外商直接投资对于东道国营商环境的改善效应研究：来自 34 个"一带一路"沿线国家的证据[J]. 国际商务，2019(1):59-71.

[183] 周怀峰，曾晓花．中国的 OFDI、技术进步与自主创新 [J]. 中国科技论坛，2010(10): 14–18.

[184] 周乐意，殷群．OFDI 对地区创新绩效的影响研究：基于江苏数据的实证分析 [J]. 江苏社会科学，2016(4):53–59.

[185] 周升起．OFDI 与投资国（地区）产业结构调整：文献综述 [J]. 国际贸易问题，2011(7): 135–144.

[186] 周燕，吕铁凡．中国制造业企业“走出去”的全要素生产率提升效应：基于倾向得分匹配和倍差法的再探讨 [J]. 国际商务（对外经济贸易大学学报），2019(3): 124–141.

[187] 朱严林，许敏．对外直接投资逆向技术溢出对我国高技术产业技术创新的影响研究 [J]. 科技管理研究，2015,35(3):81–86.

[188] ABDUR C,GEORGE M.FDI and growth:what causes what?[J]. World Economy, 2006, 29(1):9-19.

[189] ACHARYYA J.FDI, growth and the environment: evidence from india on CO_2 emission during the last two decades[J].Journal of economic development, 2009, 34(1):43-58.

[190] ACS Z J, ANSELIN L, VARGA A, et al. Patents and innovation counts as measures of regional production of new knowledge[J].Research policy, 2002, 31(7): 1069-1085 .

[191] AGOSIN M R, MACHADO R. Foreign investment in developing countries: does it crowd in domestic investment?[J].Oxford development studies, 2005, 33(2): 149-162.

[192] ALFARO L,CHANDA A, KALEMLIOZCAN S, et al. FDI and economic growth: the role of local financial markets[J].Journal of international economics, 2004, 64(1): 89-112.

[193] AL-MULALI U,TANG C F. Investigating the validity of pollution haven hypothesis in the gulf cooperation council (GCC) countries[J]. Energy policy, 2013: 813-819.

[194] BALASUBRAMANYAM V N,SALISU M A, SAPSFORD D, et al. Foreign direct investment and growth in EP and IS countries[J].The economic journal, 1996, 106(434): 92-105.

[195] BALSVIK R,HALLER S A.Foreign firms and host-country productivity: does the mode of entry matter?[J].Oxford economic papers, 2011,63(1):158-186.

[196] BELL J,CRICK D,YOUNG S,et al.Small firm internationalization and business strategy:an exploratory study of “Knowledge-Intensive” and “Traditional” manufacturing firms in the UK[J].International small business journal, 2004, 22(1):23-56.

[197] BERNING S C,HOLTBRÜGGE D.Chinese outward foreign direct investment：a challenge for traditional internationalization theories?[J]. Journal für Betriebswirtsch, 2012(62): 169-224.

[198] BLOMSTROM M,LIPSEY R E, ZEJAN M.What explains developing country growth[M]//BAUMOL W, NELSON R, WOLFF E. what explains the Growth of developing countries. Oxford: Oxford university Press, 1994.

[199] BOISOT M, MEYER M W. Which way through the open door? reflections on the internationalization of Chinese firms[J].Management and organization review, 2008, 4(3): 349-365.

[200] BORENSZTEIN E, GREGORIO J D, LEE J W.How does foreign direct investment affect economic growth?[J].Journal of international economics, 1998,45(1): 115-135.

[201] BRANSTETTER L.Is foreign direct investment a channel of knowledge spillovers? Evidence from Japan’s FDI in the United States[J]. Journal of international economics, 2006, 68(2): 325-344.

[202] BUCKLEY P, CASSON M. The future of the multinational enterprise[M]. London: Macmillan,1976.

[203] BUCKLEY P J,CLEGG L J,CROSS A R, et al.The determinants of

Chinese outward foreign direct investment[J].Journal of international business studies,2007,38(2): 499-518.

[204] BUCKLEY P J, CROSS A R, TAN H, et al.Historic and emergent trends in Chinese outward direct investment[J].Management international review, 2008, 48(6):715-748.

[205] BUCKLEY P J,FORSANS N ,MUNJAL S. Host-home country linkages and host-home country specific advantages as determinants of foreign acquisitions by Indian firms[J].International business review, 2012, 21(5):878-890.

[206] BUCKLEY P J.Internalisation theory and outward direct investment by emerging market multinationals[J].Management international review, 2018, 58(2):195-224.

[207] BUELENS C,TIRPÁK M.Reading the footprints:how foreign investors shape countries'participation in global value chains[J].Comparative economic studies, 2017, 59(4):561-584.

[208] CAI K G.Outward foreign direct investment:a novel dimension of China's integration into the regional and global economy[J]. China quarterly, 1999, 160: 856-880.

[209] CANTWELL J A, TOLENTINO P E.Technological accumulation and third world multinationals[M]. [S.l.]: [s.n.], 1990.

[210] CARMEN S. Extending Dunning' s investment development path: the role of home country institutional determinants in explaining outward foreign direct investment[J].International business review, 2013,22(3):615-637.

[211] CHAN M W,HOU K, LI X, et al. Foreign direct investment and its determinants: a regional panel causality analysis[J].The quarterly review of economics and finance,2014,54(4): 579-589.

[212] CHAN T S ,CUI G.Cultural distance, host regulatory quality,

and location choice: a hierarchical analysis of Chinese multinationals[M]. [S.l.]: [s.n.], 2016: 65-91.

[213] CHANG S.The determinants and motivations of China's outward foreign direct investment: a spatial gravity model approach[J].Global economic Review, 2014, 43(3): 244-268.

[214] CHEN V Z,JING L,SHAPIRO D M.International reverse spillover effects on parent firms: evidences from emerging-market MNEs in developed markets[J].European management journal, 2012, 30(3):204-218.

[215] CHILD J,RODRIGUES S B. The internationalization of Chinese firms: a case for theoretical extension?[J].Management and organization review, 2005, 1(3): 381-410.

[216] CUI L,JIANG F.Behind ownership decision of Chinese outward FDI: resources and institutions[J].Asia pacific journal of management, 2010, 27(4): 751-774.

[217] DENG P.Outward investment by Chinese MNCs: motivations and implications[J]. Business horizons, 2004, 47(3): 8-16.

[218] DENG P.Investing for strategic resources and its rationale:the case of outward FDI from Chinese companies[J].Business horizons, 2007,50: 71-81.

[219] DING Q,AKOORIE,MICHÈLE E M, et al.Going international:the experience of Chinese companies[J].International business research, 2009 (2):148-152.

[220] DRIFFIELD N L, LOVE J H. Foreign direct investment, technology sourcing and reverse spillovers[J]. The Manchester school, 2003, 71(6):659-672.

[221] DUANMU J L. Firm heterogeneity and location choice of Chinese multinational enterprises (MNEs)[J].Journal of world business, 2012, 47(1):64-72.

[222] DUNNING, J H.Trade,location of economic activity and the MNE:a search for an eclectic approach[M]// OHLIN B, HESSELBORN P O, WIJKMAN P M. The inter national allocation of economic activity. London:Macmillan,1977.

[223] DUNNING J H.Explaining the international direct investment position of countries: towards a dynamic or development approach[J]. Weltwirtschaftliches Archiv, 1981,177:30-64.

[224] DUNNING J H. Explaining international production[M].London: Unwin Hyman, 1988.

[225] DUNNING J H. Multinational enterprises and the global economy[M]. New York: Addison-wesley,1993.

[226] DUNNING J H, NARULA R.The investment development path revisited:some emerging issues[M]. London:Routledge,1996.

[227] DUNNING J H, LUNDAN S M. Multinational enterprises and the global economy, second edition[M].New York: son-wesley Publishing company, 2008.

[228] ELBOIASHI H A.The effect of FDI and other foreign capital inflows on growth and investment in developing economies[D]. Glasgow: university of glasgow,2011.

[229] FENG Z, ZENG B, MING Q. Environmental regulation, two-way foreign direct investment, and green innovation efficiency in China's manufacturing industry[J]. International journal of environmental research & public health, 2018, 15(10): 1-22.

[230] FRANCO C.Exports and FDI motivations: empirical evidence from U.S. foreign subsidiaries[J].International business review, 2013, 22(1):47-62.

[231] GOLITSIS P, AVDIU K, SZAMOSI L T, et al. Remittances and FDI effects on economic growth: a VECM and GIRFs for the case of

Albania[J].Journal of east-west business, 2018, 24(3): 188-211.

[232] HANSEN H,RAND J. On the causal links between FDI and growth in developing countries[J].The world economy, 2006, 29(1): 21-41.

[233] HASSABALLA H.Environment and foreign direct investment: policy implications for developing countries[J]. Emerg issues econ finance bank, 2013(1):75-106.

[234] HAWAWINI G, SUBRAMANIAN V, VERDIN P. The home country in the age of globalization: how much does it matter for firm performance?[J].Journal of world business, 2004, 39(2):121-135.

[235] HERZER D,KLASEN S, NOWAKLEHMANN D F, et al. In search of FDI-led growth in developing countries: the way forward[J]. Economic modelling, 2008, 25(5): 793-810.

[236] HERZER D,NUNNENKAMP P. Inward and outward FDI and income inequality: evidence from Europe[J].Review of world economics, 2013, 149(2): 395-422.

[237] HONG J, ZHOU C, WU Y, et al. Technology gap, reverse technology spillover and domestic innovation performance in outward foreign direct investment: evidence from China[J].China & world economy, 2019, 27(2):1-23.

[238] HYMER S H.The international operations of national firms, a study of direct foreign investment[M]. Cambridge, MA: MIT press, 1976.

[239] HSIAO F S T, HSIAO M-C W. FDI, exports, and GDP in East and Southeast Asia-Panel data versus time-series causality analyses[J]. Journal of Asian economics,2006,17:1082-1106.

[240] KANG Y,JIANG F. FDI location choice of Chinese multinationals in east and southeast Asia: traditional economic factors and institutional perspective[J].Journal of world business, 2012, 47(1): 45-53.

[241] KARI F,SADDAM A.Growth, FDI, imports, and their impact

on carbon dioxide emissions in GCC countries:an empirical study[J]. Mediterranean journal of social science, 2012(3):25-31.

[242] KIM S.Effects of outward foreign direct investment on home country performance: evidence from Korea[M]// IOT T, KRUEGER A O. The Role of Foreign direct investment in east asian economic development. chicago: University of chicago press, 2000.

[243] KOGUT B, CHANG S J.Technological capabilities and Japanese foreign direct investment in the United States[J].The review of economics and statistics, 1991(3): 401-413.

[244] KOJIMA K.Direct foreign investment[M]. London:Croon Helm, 1978.

[245] KOLK A, PINKSE J.Business responses to climate change: identifying emergent strategies[J].California management review,2005(3):6-20.

[246] KOLSTAD I, WIIG A. What determines Chinese outward FDI?[J]. Journal of world business, 2012, 47(1):26-34.

[247] KRUGMAN P, VENABLES A J. Globalization and the inequality of nations[J].Quarterly journal of economics, 1995, 110(4): 857-880.

[248] LALL S.The new multinationals[M].New York: John Wiley,1983.

[249] LEE C,SERMCHEEP S.Outward foreign direct investment in ASEAN[M]. Singapore: ISEAS, 2017:26-28.

[250] LEWIS W A.The evolution of the international economic order [M]// The evolution of the international economic order. Princeton: Princeton University Press,1978: 460-461.

[251] LI J,STRANGE R,NING L,et al.Outward foreign direct investment and domestic innovation performance:evidence from China[J].International business review, 2016, 25(5): 1010-1019.

[252] LI X, LIU X. Foreign direct investment and economic growth: an increasingly endogenous relationship[J]. World development, 2005,

33(3): 393-407.

[253] LIPSEY R,WEISS M.Foreign production and exports of individual firms[J].Review of economics and statistics, 1984, 66:304-307.

[254] LIU Z, XU Y, WANG P, et al. A pendulum gravity model of outward FDI and export[J].International business review,2016,25(6):1356-1371.

[255] LOPEZ-GONZALEZ J,UGARTE C, KOWALSKI P, et al. Participation of developing countries in global value chains: implications for trade and trade-related policies[M]. Paris: OECD publishing, 2015.

[256] LU J W, BEAMISH P W. Partnering strategies and performance of SMEs' international joint ventures[J]. Journal of business venturing, 2010, 21(4):461-486.

[257] LUO Y, TUNG R L.International expansion of emerging market enterprises: a springboard perspective[J]. Journal of international business studies, 2007, 38(4): 481-498.

[258] LUO Y, TUNG R L.A general theory of springboard MNEs[J]. Journal of international business studies, 2018, 49(2):129-152.

[259] MALCOLM W, NG S H, XU X.Late development' experience and the evolution of transnational firms in the People's Republic of China[J].Asia pacific business review, 2004,10:3-4+324-345.

[260] MEYER K E,ESTRIN S,BHAUMIK S K,et al. Institutions, resources, and entry strategies in emerging economies[J].Strategic management journal, 2009, 30：61-80.

[261] MOON H C.Foreign direct investment[J]. International encyclopedia of human geography, 2015, 70(3):291-314.

[262] MUKHOPADHYAY K.Impact on the environment of thailand's Trade with OECD countries[J]. Asia pacific trade and investment review, 2006(2):1-22.

[263] KLAUS M, RAJNEESH N, ALAIN V, et al. Perspective: making

internalization theory good for practice: the essence of Alan Rugman's contributions to international business[J]. Journal of world business, 2015, 50(4):612-622.

[264] OZAWA T.Foreign direct investment and economic development [J].World investment report,1992(1):27-54.

[265] PAO H T, TSAI C M.Multivariate granger causality between CO_2 emissions, energy consumption, FDI(foreign direct investment) and GDP (gross domestic product): evidence form a panel of a BRIC(Brazil, Russian Federation, India, and China) countries[J].Energy,2011,36:685-693.

[266] PARVIZ A.GDP growth determinants and foreign direct investment causality: the case of Iran[J].The journal of international trade & economic development,2016, 25(6):897-913.

[267] PIPEROPOULOS P,WU J,WANG C,et al. Outward FDI,location choices and innovation performance of emerging market enterprises[J]. Research policy, 2018, 47(1): 232-240.

[268] PRADHAN J P, SINGH N.Outward FDI and knowledge flows: a study of the Indian automotive sector[J].International journal of institutions and economies, 2008, 1(1): 156-187.

[269] ROMER P M.Increasing returns and long-run growth[J].Journal of political economy, 1986,94(5):1002-1037.

[270] ROMER P. Endogenous technological change[J]. Journal of political economy, 1990, 98: 71-102.

[271] RUGMAN A M. Inside the multinationals[M]. London: Croom Helm,1981.

[272] RUGMAN A M, JING L. Will China's multinationals succeed globally or regionally?[J]. European management journal, 2007, 25(5):333-343.

[273] SHAHBAZ M, RAHMAN M M. The dynamic of financial development,

imports, foreign direct investment and economic growth: cointegration and causality analysis in Pakistan[J].Global business review, 2012, 13(2): 201-219.

[274] SOLOW R M. A contribution to the theory of economic growth[J]. Quarterly journal of economics,1956,70:65-94.

[275] SUN S L, PENG M W, BING R, et al. A comparative ownership advantage framework for cross-border M&As: the rise of Chinese and Indian MNEs[J].Journal of world business, 2012, 47(1):4-16.

[276] SUNDE T.Foreign direct investment, exports and economic growth: ADRL and causality analysis for South Africa[J].Research in international business and finance, 2017,41(10):434-444.

[277] TEECE, DAVID J.A dynamic capabilities-based entrepreneurial theory of the multinational enterprise[J].Journal of international business studies, 2014, 45(1): 8-37.

[278] TEECE D J.Dynamic capabilities and the multinational enterprise[M]. Berlin heidelberg: Springer-verlag,2017.

[279] TUCKER J W, ZAROWIN P A. Does income smoothing improve earnings informativeness? [J]. The accounting review, 2006,81(1):251-270.

[280] UNCTAD. World investment report[R].Geneva:UNCTAD, 2017.

[281] WEI W,ALON I,NI L.Home country macroeconomic determinants of Chinese OFDI[M]. London: Palgrave Macmillan UK,2012.

[282] WELLS L T. Third world multinationals: the rise of foreign investment from developing countries[M]. Cambridge, MA: The MIT Press,1983 .

[283] WHALLEY J,WEISBRODA.The contribution of Chinese FDI to Africa's pre crisis growth surge[J]. Global economy journal,2012,12(4): 1-28 .

[284] WHEELER D, MODY A.International investment location decisions:

the case of U.S. firms[J].Journal of international economics,1992,33:57-76.

[285] WU Y, SONG Y, DENG G. Institutional environment, OFDI, and TFP growth: evidence from China[J]. Emerging markets finance and trade, 2017, 53: 2020-2038.

[286] WILLIAMS C, VRABIE A. Host country R&D determinants of MNE entry strategy: a study of ownership in the automobile industry[J]. Research policy, 2018, 47(2):474-486.

[287] YI C,XU X,CHEN C,et al. Institutional distance, organizational learning, and innovation performance: outward foreign direct investment by Chinese multinational enterprises[J].Emerging markets finance and trade, 2018, 56(2): 370-391.

[288] YIU D W,LAU C M, BRUTON G D.International venturing by emerging economy firms:The effects of firm capabilities, home country networks, and corporate entrepreneurship[J].Journal of international business studies, 2007, 38(4):519-540.

[289] ZHANG H R. Literature Review on country-specific advantage[J]. Journal of service science & management, 2016, 9(2):111-118.

[290] ZHANG Y J.The impact of financial development on carbon emissions: an empirical analysis in China[J].Energy policy, 2011, 39(4): 2197-2203.

[291] ZHOU C,HONG J,WU Y,et al.Outward foreign direct investment and domestic innovation performance: evidence from China[J].Technology analysis & strategic management,2019,31(1):81-95.

后 记

“一带一路”倡议作为中国在经济发展新阶段实行全方位对外开放的重大举措，给21世纪的国际经贸合作带来新的理念和思路。“一带一路”倡议从提出至今，受到100多个国家和国际组织的广泛关注，并取得阶段性成果。十九大后，“一带一路”建设的重要性再次被提及：要以“一带一路”建设为重点，拓展对外贸易，培育贸易新业态新模式，推进贸易强国建设，推动形成全面开放新格局。“一带一路”倡议的实施对中国意味着：实现全面开放，培育中国经济新的增长极，拓展外交空间。但是“一带一路”倡议不仅只关注中国自身发展，还以中国的发展为契机，坚持“共商、共建、共享”原则，让其他国家从与中国的合作中获得新的发展动力，为“一带一路”沿线国家提供开放和可持续发展的经济合作框架。随着“一带一路”国际合作的逐步推进和展开，中国与“一带一路”沿线国家的交往、联系开始向纵深方向发展。“一带一路”沿线国家逐渐成为中国对外经贸合作的重要伙伴，通过发挥我国资源优势促进“一带一路”沿线国家和我国经济的共同繁荣成为我国对外开放的主要动机。在“一带一路”倡议实施过程中，投资合作是核心环节及重要手段。加强对中国与“一带一路"沿线国家的投资合作关系研究，对于推动中国与沿线国家的贸易合作、促进沿线国家经济繁荣与区域合作、加强贸易畅通，具有重要的现实意义。

自高质量推进"一带一路"建设提出以来，针对国际社会对"一带一路"的广泛关注，中国政府已经开始按照"一带一路"投资合作项目要"行稳致远、走深走实"的要求，对"一带一路"投资合作进行了调整，由最初单纯关注投资数量上的增加，开始向关注高质量的投资成效的方向转变，不仅着眼于提升"一带一路"投资合作项目的实际成效和收益，而且对"一带一路"合作的质量提升方面有了新的部署。在新的时代背景下，我国对"一带一路"沿线国家的直接投资行为也将告别粗放型的投资方式，优化和升级传统的投资结构，所产生的相关影响效应也将进一步得到调整。那么在高质量推进"一带一路"建设的过程中，中国对外直接投资作为"一带一路"倡议实施非常重要的一个方面，其创新效应如何呢？对于这一问题的探讨，不仅能全面评估"一带一路"背景下中国对外直接投资的成效，更能检测"一带一路"背景下中国对外直接投资项目的优劣，对于后续推进"一带一路"合作投资项目以及开放型经济的发展具有重要的参考意义和价值。

中国对外直接投资是我博士学习期间一直关注的重要主题，我密切关注的内容包括中国对外直接投资的影响因素、区位选择、投资效率和影响效应等方面。随着"一带一路"倡议的深入实施，中国与"一带一路"沿线国家经贸合作的议题也成为我关注的重点。基于此，博士学习期间，我结合我所关注的主题完成了《"一带一路"对中国－东盟双边贸易的影响》《经济全球化与中国对"一带一路"沿线国家的直接投资》等论文。2018年我在新加坡东南亚研究所访学期间，开始围绕"一带一路"倡议和中国对外直接投资两个方面的内容，展开文献的积累和相关的探究。同时，我也开始深入思考我的博士论文选题方向。当时围绕这两个方面的选题，在导师的悉心指导下，在导师团队的大力支持和帮助下，我与同在新加坡国立大学访学的同学进行了多次的交流与讨论后，基本明确后续对外商直接投资的结果效应进行进一步关注。因此，回国后，在已有研究的基础上，结合新发展阶段、新发展理念和新发展格局，我的博士论文重点关注了中国对外直接投资的创新效应基于“一带一路”倡议实施的情况，探讨了中国对外直接投资对母国和东道国的创新效应。本书以我的博士论文为主体，作为我对“一带一路”倡议实施与中国对外直接投资影响效应研究的一个总结，呈现给读者，以此鼓励我后期继续围绕“一带一路”倡议与中国对外直接投资做更多的探究。

本书的撰写和出版得到了许多前辈老师、学术同仁的鼓励、支持与帮助，他们给了我非常多的宝贵建议，跟我分享了很多具有实操性的经验，让我少走了不少弯路，也让我在这个过程中受益匪浅，在此一并深表谢意。感谢各位专家、老师、同事在本书编写过程中提出的宝贵意见、提供的各种便利，让我有信心完成本书的撰写工作。同时，感谢武汉大学出版社的各位老师、各位工作人员在本书出版过程中给予的殷切指导和鼎力相助！最后，感谢我亲爱的家人对我工作的大力支持和无条件的付出，让我有相对充足的时间完成本书出版前的所有工作。

再次感谢为本书写作和出版做出贡献的每一位专家、老师和同仁。本书引用了众多国内外文献、资料，衷心感谢这些为中国对外直接投资和“一带一路”倡议实施理论与实践研究做出贡献的作者。由于时间仓促，本书难免存在不足之处，恳请读者多提宝贵意见，我也真诚地希望得到读者们的批评和建议，以便在日后的修订中不断改进和完善。

刘雅珍

二〇二二年六月于南京方山